与最聪明的人共同进化

CHEERS

HERE COMES EVERYBODY

[日] 长谷川和广 著

萧条中的

2000 社の赤字会
社を黒字にした社
長のノート

班健 译

生存智慧

帮助 2000 多家企
业扭亏为盈的日本
明星社长经营笔记

天津出版传媒集团
天津科学技术出版社

上架指导：历史／畅销书

天津市版权登记号：图字 02-2020-61 号

图书在版编目（CIP）数据

萧条中的生存智慧 /（日）长谷川和广著；班健译
. -- 天津：天津科学技术出版社，2020.5
ISBN 978-7-5576-7783-1

Ⅰ.①萧… Ⅱ.①长… ②班… Ⅲ.①企业发展—研究 Ⅳ.① F272.1

中国版本图书馆 CIP 数据核字（2020）第 065119 号

萧条中的生存智慧
XIAOTIAO ZHONG DE SHENGCUN ZHIHUI
责任编辑：曹　阳
责任印制：兰　毅
出　　版：天津出版传媒集团
　　　　　天津科学技术出版社
地　　址：天津市西康路 35 号
邮　　编：300051
电　　话：（022）23332377（编辑部）23332393（发行科）
网　　址：www.tjkjcbs.com.cn
发　　行：新华书店经销
印　　刷：河北鹏润印刷有限公司

开本 880×1230　1/32　印张 6.375　字数 97 000
2020年5月第1版第1次印刷
定价：49.90元

当世界即将萧条，日本企业家谈些什么?

毛大庆

优客工场和优享创智5L际创始人、董事长

这世界上的好书太多，可是时间有限，当有人请我推荐好书时，我大概会推荐两种类型的书：一类是回顾某一个历史坐标点的非虚构类作品，这类书可以让我们鉴古识今，并对未来的趋势有更理性的判断；另一类是工具书，当然不是《新华字典》《英汉大词典》那样狭义的工具书，而是广义上可以时时为人生带来索引式指导的工具书。

一本实用度满分的工具书

显然，《萧条中的生存智慧》属于后者，你可以把它当成一本工具书。这本书里讲的不是什么人生大道理和元气满满的鸡汤，而是一个个浅显的职场通识。

其中有一些是浸淫职场多年的你已经司空见惯的常识，但你却选择性忽略了，比如关于实干、关于业绩、关于人脉、关于告密、关于创造利润……

还有一些内容可能会颠覆你的职场价值观，只要翻

到那一节花 3 分钟读一下，对于你今后的工作一定大有
裨益。

同时，这本书也并不完全局限于工具书的范畴，本
书作者长谷川和广社长曾帮助 2 000 余家企业扭亏为盈，
是日本的明星社长，看到本书的宣传语你大概就可以明
白，书中这百余条社长笔记绝非空想家的矫揉造作，而
是来自一个现代商业文明高度发达的国家的最前沿阵
地，这些笔记所记录的，都是长谷川和广社长在长达半
个世纪的时间里，为重整企业而工作时的有感而发，细
细品味，一旦领悟了其中深邃的智慧内涵，对于我们处
理当下繁杂的事务、判断未来的趋势，将有着极大的指
导与参考作用。

与长谷川和广社长一样，本书在日本同样是一本长
盛不衰的明星级畅销书，迄今已经再版 24 次，销量超
过 15 万册，被日本读者评价为实用度满分，更契合了
其工具书的功能属性。

一本契合当下时局的工具书

今天，当《萧条中的生存智慧》的中文版终于与广
大中国读者见面之时，这个世界也正处在一个非常微妙
的时间节点上。

当代中国的年轻人对于"萧条"的概念是很陌生

的，他们唯一能想到的大概就是 90 年前发生在美国的那次萧条。事实上，当人们说起经济萧条来，第一反应都是美国 20 世纪 30 年代的大萧条，而中国逾 40 年的改革开放、经济腾飞，让国家经济一直保持着强劲的增长。

在经济学上，对于经济萧条的共识是国民生产总值（以下简称 GDP）负增长超过 10%，或经济衰退连续超过 3 年。而经济衰退的判断标准则是 GDP 连续两个季度下降。经济萧条的破坏力极大，会引发企业倒闭潮、失业率高升、投资萎靡……

2020 年一季度，一场波及全球的传染病令世界经济几乎停摆，大部分国家的 GDP 不可能增长，我在写本文时，除中国外，全球确诊量已经突破 143 万，显示疫情分布状态的世界地图几乎被完全染红，其中美国部分是深红色的（红色越深代表确诊人数越多）。

疫情对于各国经济的负面影响非常大，当人们只能待在家中，无法正常工作与生活时，一切商业活动的根基就被斩断。娱乐业、体育产业、餐饮业……我们能想到的所有需要人与人接触带来商业收入的生意都将遭到毁灭性打击。

本书的出版时间是 2020 年二季度，依目前的全球疫情发展趋势，二季度绝大多数国家的 GDP 下降这一点毫无悬念，而当三季度来临时，如果没有奇迹发生，一场波及全球的经济萧条将随之到来。

尽管在全球陷入传染病大流行的恐慌之前，中国已经提前一步控制住了国内的疫情，但身处在这个全球贸易深度一体化的世界经济体中，根本不可能有独善其身的可能性。所有理性的人都应该可以想到，我们面对的将是一个什么样的 2020 年！而 2020 年的主题词又将是什么！

萧条，在我们还没有做好足够准备时，已经来到了我们身边。手里拿着这本书的读者或许应该感到庆幸，因为你即将掌握一些"萧条中的生存智慧"。

日本企业家眼中的萧条与希望

说起来，世界上再没有哪个国家的企业家比日本企业家对于萧条的理解更深刻了。

20 世纪 80 年代中期，房地产和资本市场泡沫的破灭让这个国家陷入了长达 30 年的经济萧条，而在这期间，日本企业家关于如何在萧条中努力生存的心得，实在值得今天的中国企业家和创业者用心体会。

另一位著名的日本企业家稻盛和夫先生也曾谈到经济萧条的应对策略，他经营的京瓷公司在半个多世纪内穿越了石油危机、日元升值危机、房地产泡沫破裂、互联网泡沫破裂、2008 年金融危机等各种各样的全球性经济危机，却没有出现过一次年度亏损，他也因此被称为"经营之神"。在他的经营理念中，企业如竹，每一次战胜萧条后，企业之竹就又新生了一节，竹节越多，企业的生命力就越坚韧。

关于稻盛和夫先生的萧条应对策略，我不在这里赘述，有兴趣的读者可以找来他的相关作品研读。如果说稻盛和夫的萧条应对策略是在教你把握宏观趋势和企业战略，那么长谷川和广的社长笔记，则是在最微观的层面上协助你做到经营企业、努力工作乃至做人做事中的各种细节。

我的建议是，请将《萧条中的生存智慧》摆在你办公桌上随手可及的位置，当你从一次商业活动归来整理手头的名片时，你可以翻到"名片的张数 ≠ 人脉"这一节来看看；当你在一次公司职位竞争中落到下风甚至一败涂地时，不要沮丧，翻到"不要追求职位，要去追求成功"这一节品味一下；当你的企业陷入利润泥沼时，翻到"哪怕只有 1 日元也要赚"，你可能会有种恍然大悟的感觉；如果你是个初涉职场的年轻人，不小心顶撞了上司、前辈同事、客户，你翻到"20 多岁时一定要记住'忍耐的重要性'"这一节，社长的话一定会给你一些启发……

　　疫情总会结束，经济萧条是大经济周期中必然经历的阶段，愿所有企业家、创业者，以及在职场打拼的人都能拥有一些必要的商场生存智慧，更好地处理人生中潜伏着的、不期而遇的、突然而至的危机与萧条。

扫码获取"湛庐阅读"App，

搜索"萧条中的生存智慧"，

测一测，你是否拥有萧条中的生存智慧？

在困境中生存下去的关键密码

你知道公司亏损的原因吗？

经营判断失误？财务体制不良？人事管理失败？当然这些都有可能。

但是，还有更简单的原因。

以我经手过 2 000 多家亏损公司的经验，我可以肯定地说这个原因是"创造利润的能力低"。

这里所说的"利润"不仅是销售部门、商品开发部门所创造的，还包括对总务部、会计部、销售事务部的人员，甚至是新员工提出的数字和目标。不管"创造利润的能力"属不属于公司，它都是在社会中生存所不可欠缺的能力。

这里，请允许我介绍一下自己。

迄今为止我在 7 家跨国企业担任过经营管理人员和董事长，也作为"企业重整顾问"，帮助 2 000 多家亏损公司扭亏为盈。

我在做尼康 – 依视路公司（Nikon-Essilor）董事长时，第一年就开始偿还这家公司 50 亿日元的负债，第三年就带领公司走向无债务经营。我还致力于新产品的开发，在家乐氏（Kellogg's）工作时推出"玄米片"，在强生（Johnson & Johnson）工作时推出除臭剂等畅销产品。现在我全身心投入以企业重整为核心的国内外企业经营咨询和研讨工作。

在"为重整企业而工作"的 50 年间，在每日工作或奔波过程中，我开始记录下那些让我发出"咦！"的赞叹，让我感到惊奇的关于工作技巧、利他主义思维、组织的好坏等方面的感悟。我已经写下了 283 册笔记，并将它们命名为"惊奇笔记"（OYATTO NOTE）。

我通过记笔记磨炼了很多技能，也获得了很多知识财富。尤其是我做判断的速度变得格外快，准确率变得格外高。即便是和工作不相关的事情，我也习惯用分析因果关系的方式思考，"啊，这个和以前的那个模式一样"，这种做法不仅让我的思考能力得到了锻炼，战略决策能力和策划制订能力都得到了大幅提高。

"社长笔记"丛书就是从"惊奇笔记"中节选的内容汇编而来的。"社长笔记"丛书共 3 本，出版后得到了很多商业人士的支持，累计发行了超过 25 万册，是一套畅销书。

"社长笔记"丛书于 2009 年 7 月出版，当时世界经济饱受雷曼事件的冲击，所以丛书中有本书的主题就是"胜出之术"。

可是，如今越使用"胜出"这个词语，越有一种不易之感。个人和企业都感到光是"生存"也已经变得相当不容易。

本书是从"社长笔记"丛书中节选符合当前时代、贴合"生存"主题的话题内容，重新编辑出版的。另外，还收录了我在丛书第三次出版之后写的部分新内容。

不管生存环境如何变化，我们都要有积极面对和挑战任何事情的态度。任何自作聪明的做法都逃不开失败的悲惨命运。历史也说明普遍性的法则、根据环境而变化的战略经验和事例都会成为指南针般的存在。

如果这本书能帮助大家掌握这种"生存能力"，轻松解决人人都可能会遇到的难题，将是笔者最大的幸福。

CONTENTS

目录

第2章
只有持续创造利润才能生存 023

第4章
越是不景气，越要成为引擎般的存在 059

第7章
能让公司起死回生的关键是员工 133

第8章
付出最大努力，才能收获最大成果 155

第1章
公司只器重
公司需要的人

你懂"领导者的真实内心"吗？在弱肉强食的时代，用一句话描述领导者的本心，就是"舍卒保车"。因此，你必须使出更大的干劲儿，完全展示出你的实力！现在的你，是一个能影响身边人的活跃人物，还是一个不抛头露面、半分实力都没发挥出来的人？首先，你要针对这一点做出自我评价。其次，你要提高自己的存在价值，为成为公司需要的人才做好思想准备！

1
公司不需要只追求薪水的人

每次接手帮助亏损企业扭亏为盈的案例，我都会先把公司里"接受变化"的人才拉拢过来，和我组成统一战线。

我亲身体验过企业竞争的真实案例，分析这些案例，我们可以看到很多公司的繁荣和衰退都有其必然的原因。

那些成功生存下来的公司都能够时刻密切关注公司内外的经营环境，并拥有不断改变自身以适应变化的能力。与此相反，那些不幸倒闭的公司，它们改变自身弱点的能力很弱。

也就是说，不改变陈腐的体制结构，一味保持"无法盈利的体制"的公司，随着时间的推移，它们与能够改变的公司之间的差距会越来越大。

这在个人层面上是同样道理。**"一个没有实际成绩的你"** 如果一直处于这种平庸的状态，只追求一份薪水的话，早晚有一天会被竞争对手远远抛在身后。

所以，你首先要做到的，是拥有从根本上改变价值观的勇气！

2
让你成为真正"人财"的
8句话

我们常常用"人财"表示"人才"，但我还没有看到一语中的的贴切解释。我所说的"人财"，指的是那些"能用自己的双手创造未来的人"。

想要成为"人财"，请记住以下8句话：①人品要好，②默默地努力，③广开杂学，④说话时注视对方的眼睛、回答要明确，这4句话提醒我们"要成为有魅力的人"；⑤金钱关系和缘分的了结要干净利落、划清界限，⑥再熟悉的朋友也会背叛你，这两句话要求我们"能审视人的本质"；⑦真的东西一定能生存下来，⑧枪打出头鸟但打不了高飞的鸟，这两句话是不可动摇的至理名言。

人，不管多么招人喜欢，在事业成功的道路上都不可能完全避免遭人背叛。要练成一颗不会被打垮的内心，这就需要经常诵读这8句话并予以践行。

3
工作能力强的人
必须具有的 6 种能力

我去所有的濒危公司，所做的第一件事情都是要求所有员工提出一份"业务核对清单"。根据这个清单，员工们要写出一个月内的行动计划，内容包含日程安排中有哪些待处理的业务、采取什么样的方法处理这些业务。

做一份好的业务核对清单，需要下面 6 种能力：

1. 能够发现问题。

2. 能够分析有关问题的信息。

3. 能够一针见血找出问题的核心所在。

4. 能够设定目标解决问题。

5. 能够制定达成目标的战略。

6. 能够落实执行战略的具体行动。

缺少这 6 种能力中的任何一种，都会导致努力白费、目标落空。

做好业务核对清单，员工们会养成工作时从这 6 点考虑问题的习惯，进而以惊人的速度变身成为工作能力强的人。

4
只做领导安排的工作，
那不是工作

据说以前日语的"仕事"（意为工作）写作"为事"。到了江户时代，才开始使用日语"仕える"（意为侍奉）的"仕"字。

在终身雇用制一统天下、雇用即是铁饭碗的时代，用"仕"字代表工作让人感觉非常贴切。但最近我却感觉"为事"的写法更合适，有此感觉的怕不止我一人吧。

我希望大家今后不要为了侍奉他人而工作，要把工作视作"为了成就什么而做事"。大家要转变观念，"通过自发自愿地做事，实现对等的价值"。这需要大家经常明确自己的目标和终点，不断前进。

只为了侍奉而做事，工作就意味着完成主人吩咐的事情。这样的人生会是有趣的吗？你能找到乐趣吗？

请不要把工作看作为了别人而做，工作也是为了自己，"工作是为事"。

5
不做评论家，做实干家

"我的能力并不比别人差，其实我更聪明些，可为
什么我得不到领导的喜爱？"似乎很多人有这样的想
法，这让我感到很意外。

其实，认为只要有能力就会得到领导喜爱的想法本
身就是一种幻想。但这也不是说领导嫉妒下属的才能，
也不是领导不待见下属的能力。实际上，越是那些"聪
明"的人，越容易成为口若悬河的评论家。

评论家绝不会自己创作作品，比起夸赞别人，他们
更擅长的是对别人的缺点说三道四。将工作交代给这样
的下属，他们会说"我们公司的销售网不健全，这工作
不好做"，或是"现在这么不景气，这样的价位怕是没
有顾客买单"，他们一定会从"这工作根本就无法做"
开始找借口。

但是，从领导的角度看，这些只是下属为了工作偷
懒找的借口罢了。**那些在不利的条件下取得好成绩的人
会得到真正的好评。**敢在一个烂摊子中挑战工作的下属
才会被欣赏。

6
业绩出色并不是免死金牌

　　我不能打包票说"公司绝不会裁掉那些取得出色业绩的员工"。但在对濒临生死存亡紧要关头的企业进行结构调整时，那些没有业绩、能力低下的员工会是第一批被针对的裁员对象。

　　但业务完全不行的员工只是极少数。当我们不得不进行一定人数的裁员调整时，业绩和能力都在中间水平的人，也绝不能高枕无忧。

　　平日里迟到是家常便饭、不服从领导、骚扰女同事、喜欢赌博……这些人品有问题的人即便业绩突出，也要当心了。在大张旗鼓提倡企业合规管理的当下，比起数字代表的业绩成绩，企业也开始更多地关注无法体现在数字上的员工的人品问题。

　　我的观点是：**"道德水平低的人早晚会失去信用，被数字抛弃。"**依仗业绩有恃无恐，举止嚣张傲慢，这样的蠢事，大家切记一定不要做。

7
商业活动中最重要的知识只靠 "学习" 是无法获得的

当下，随着竞争的激烈化和国际化，公司对个人能力的要求也越来越高。

很多人未雨绸缪，开始有计划地学习外语，或为自立门户做准备开始去专业学校学习会计知识、法务知识。

虽然看起来像是在给这些爱学习的人士泼冷水，但商业活动中最重要且最需要的知识，是那些通过实际业务经验积累得来的知识。

不管多么勤奋地面朝书桌刻苦学习，总还是有很多知识是课本上学不到的，也就是那些只有通过实际业务才能掌握的 "知识"。

所以，请大家先在现场工作中尽可能地努力获得更多的知识。

当然，我并不是说通过学习获取的知识无关紧要。很多公司的考核评价都参考托业考试成绩，还有一些你想从事的工作都要求一定要有的资格。

但你的学习并不需要涉猎过广。

你只需要集中学习那些在今后一年内能用到的技能和知识。

基于迫切需求而进行的学习效果更显著，所学的东西也能在短时间内掌握。

在学习那些自认为有朝一日能用到的东西时，因为没有紧迫感，未必能集中注意力，反而容易效率低下。

那些成为领导者所必需的知识，在预见到成为领导者的可能性之后开始学习也不晚。

8
名片的张数 ≠ 人脉

我对于人脉的看法，可能和社会上很多人的认识不同。

比如，很多人都认为能和有名望的人交往就是好的人脉关系，但我丝毫不这样想。

我对"好人脉"的定义是能弥补你的不足之处、理解并能促进你发挥长处的人。出入各种不同行业间的交流会，不管得到多少张名片，这些人既不会成为你的朋友，也不会助你一臂之力。说句不好听的，这些人虽然是你自己努力获得的人脉，但他们根本算不上是真正的人脉。

那么，如何获得人脉呢？

就是让对方发现你的优点。回想我自己的经历，当然自己这样讲未免有些不妥，但当对方发现我"近乎愚蠢的认真"时，有时这将成为彼此之间信赖的起点。

我觉得有时间去和别人交换名片，倒不如去磨炼自己，这样才能增加得到人脉的机会。

9
不要追求职位，
要去追求成功

商业人士追求职位的晋升是理所当然的。对更大的成就，更高的职位的追求是成功的助力，而不是阻力。可是，一味只以追求职位为目标的人是有问题的。

为什么这样说呢？**不想追求更大的事业成就，只沉迷于追求高职位的人，会自然而然地把别人视为绊脚石。**

实际上，越是那些业绩差的公司，这样的人越是多。这种人一旦达成目标，获得了职位，就会立刻转为守住职位的角色。他们只关注如何自卫保身，就不会再努力取得事业上更大的成就，这会拖累公司的发展。所以，显而易见，高层中存在这类人的公司是无法实现发展的。

其危害还不仅于此。这些人想努力排挤打压的，是那些真正优秀的人。这才是最大的问题。而那些受到他们打压、遭其冷眼的有用之人，逼不得已只好跳槽，这对企业而言是莫大的损失。

10
从聪明人，变成有能力的人，
再变成引路人

　　我从 25 岁就开始和各种各样的人打交道，我发现
有潜力的商业人士会经历以下 3 个阶段的发展。

　　第一阶段是"聪明人"。这种人头脑灵活，富有
才华。

　　但是，他们盛气凌人，让人不舒服，在工作上也常
耍"手段"。

　　为什么他们会盛气凌人？是因为他们缺乏自控力。
他们没有意识到自己是"整体中的个体"，只能在自己
的势力范围内得心应手地工作。

　　第一阶段的人练就自控力之后，就成为第二阶段的
"有能力的人"。简单来说，就是晋升成"受人尊敬的人"。

　　工作上，不再依靠耍小手段，而是用"调控力"调
动他人，人变得有智谋，也成熟起来。这样的人，即便
是被委以部门领导之职，也是能够胜任的。

　　那么，这些"强者"继续前进的第三阶段是什
么呢？

　　我认为就是"引路人"。

不仅在公司内部，对于社会、对于他人的发展，他们都能起到引领性的作用，即能指明"道路"。

但是，若想达到第三阶段的目标，只靠全身心投入工作，还不足够，还要具备总是为公司、为自己的员工考虑的品质，并且能进一步思考该如何做来促进社会的发展。

以下几句话概括了我的结论。**"聪明人"是只考虑自己的人。"有能力的人"是考虑到自己部门乃至公司内部的人。"引路人"是广泛考虑到社会问题的人。**

其实，人的胸襟通过其对多少人负有责任感就可以推算出来。

11
成为别人眼中"只要是你讲，我就愿意听"的"你"

对于每一位商业人士而言，最重要的财富就是"信任关系"。建立这种"信任关系"所必需的资质，归根到底可以概括为"人的品质"。

让我们聚焦公司内部。

你的身边是不是有这样的人，不管他的策划书写得多么出色，但就是会让人对他抱有这样的态度——"就是无法相信这个人写的资料""道理都对，但就是不想按照这个人说的去做"。

这样的人，往往是那些遮遮掩掩隐瞒真实情况的人，他们表里不一，乘人之危，让人感觉缺乏诚意。

那么，如何建立"信任关系"呢？

只有在平日和他人的交往中做到真心倾听、以心换心。一些细密的小心思，即便被对方看破，也会被认为那是我们"真诚待人的表现"。

12
养成一流的人品，要不断接触
"真实的东西"

"工作能力强的人"是那些掌握牢固的商业原理、原则和专业知识，并能带动周围的人一起工作的人。

但是在专家之上还有更高的层次。那就是经营阵营中的"人财"——"经营专家"。

其实能从工作能力强的人进阶到经营专家的人是非常稀少的。因为除了专业知识和工作技巧之外，他们还需要具有"很好的人品"。

经营专家，即使有时会脱离社会，但因为他们自身难得的威望、人品，还是会有很多员工和客户愿意跟随他们，和他们打交道。

获得好人品的捷径，是和一流的人、有真本事的人深入接触。在工作中若遇到让人尊敬的一流人物，应该直接和他们见面交流。我甚至会模仿他们的着装。

那个人的工作态度、讲话方式、行为举止、生活方式都是我学习的内容。若有可能，我真想钻进他们的肚子里一探究竟。

13
持续挑战工作中的硬骨头，
才能磨炼出"真正的工作模式"

我常常让下属做一些极富挑战性的工作。这当然是为了提高自己团队的业绩，但这也是作为领导者的职责所在。

我要求下属的业绩要达到现在的两倍，但下属们的业绩并不都能达标。

我的真正意图是让他们感受一次满负荷工作，从而了解自己的极限所在。

我曾听说，棒球练习的"千次吃球"并不只是为了锻炼人的忍耐力。在人疲惫至极的状态下不断地向他们击球，也是为了让他们学会"有效一击"的接球技术。

工作也是这样。**不仅忍耐力是必需的，减少不必要的浪费也是必需的。**连续半年挑战工作中的硬骨头，会磨炼出快速高效的"真正的工作模式"。

14
告密者是公司的蛀虫

我独自一人进驻亏损公司工作时，一定会公开宣布下面的内容。

"告密有奖，但告密的人并不会因此被高看一等。"

为什么这样说？是因为那些需要重整的公司就好比通风不畅，霉菌、害虫滋生的老房子。

因此，一定有些地方隐藏着霉菌，潜伏着害虫……也就是说，了解那些造成违规或经营不善的原因，对于让这栋房子起死回生是不可或缺的。但是，若是厚待那些信息提供者，就会形成一个可怕的告密社会。

每个公司都有颐指气使的告密者。这些人靠挑别人的毛病来确保自己的职位。**很多情况表明，在亏损公司里，领导者的身边常常会有一些工作没有成绩却非常吃得开的人。**但其实这些人才是公司真正的"蛀虫"。优待这些人，不但会让员工感到不安，而且还会让那些真正有能力的人感觉被愚弄了，进而引发人才的流失。

15
做不好工作的人
才会满腹牢骚

有人将销售额上不去的原因归结为不景气或社会原因。我发现很多业绩不好的公司里存在很多有这种想法的经营管理人员。

但是不景气的时代中也有很多公司的业绩快速提高。这些公司的共同点就是"公司内部很少有不平、不满的声音"。

为什么呢?

这是因为员工们都很忙,忙得没有时间发牢骚、抱怨。

越是做不好工作的人越会满腹牢骚抱怨。如果公司的核心层由这样的闲人干部构成,那这个公司将非常危险。

担任过通用电气公司的最高经营责任人、因其手腕而获得"传奇总裁"称号的杰克·韦尔奇(Jack Welch)说过:"不把腐烂的苹果扔出箱外,那其他的苹果也会腐烂。"

16
不要在其他人身上
寻找失败原因

买卖不顺利，人常常会无视自己的行为，而在他人身上寻找原因。比如，"领导的战略有问题才会事与愿违""他在商谈的时候话太多了"，这样的人会亢奋雀跃得像搜查犯人一样。

但很多人都没有注意到即便抓到了犯人也改变不了任何事情这一点。**即便捉到了犯人，也改变不了商谈失败、业绩没提高的事实。**

这只会造成对犯人的憎恨和自怜情绪，心中充满负能量。

倒不如宽慰自己"这是对我的考验"，这样才能积极向前看。

这也能让人继续思考下次商谈应该注意什么，如何弥补现有实力的不足之处等具体对策。"未来比过去更重要"的想法才能带来真正的幸福。

17
污垢不会出现在干净的地方

　　这是我去以服务著称的千叶高尔夫球场时遇到的事情。虽然建筑物很旧，但不知为何洗手间特别干净，我就对在那附近的像是管理人员的人说："洗手间整洁光亮，真是了不起。"结果对方回答说："平时保持整洁光亮，也要感谢客人们用得很干净，帮了我们大忙。"

　　的确，如果是一间脏污不堪的洗手间，有的人心里会觉得反正不干净，就会乱扔垃圾，或是为了不弄脏自己的衣服而采用不太雅观的姿势，就会弄得更不干净……

　　这里说的是洗手间，但我希望工作的地方也要整洁光亮。

　　心里总是整洁光亮的话，那种耀眼的光芒会使得违规行为、"甜美"的诱惑无法靠近。

　　其实，"整洁光亮"的工作态度也会让周围的人对你心生敬意，会让他们觉得必须要用真心和你交往。

18
在说"希望增加人员"
之前思考3个问题

有人会说:"人手不够,希望能尽快增加人员。"我理解大家的忙乱,但我希望大家能思考一下下面的问题。

1. 增加人员就能带来利润,还是只能维持现状?

2. 不增加人员的弊端在哪?

3. 如果没有利润,是不是原本做的就是无用功?

这样思考,就能明确区分要做的工作和不做的工作。关于你正在做的这份事业,你部门的所有人都能意识到"销售额是多少,成本是多少"吗?

只要提高员工的认知,他所熟练的工作的质和量都能提高,在现有体制下也能期待增收增益。不甘于现在的方式,进行改善、改革,努力取得业绩的人才是"能创造利润的人"。不吝惜于付出努力的人,不管在什么时代,都能生存下去。

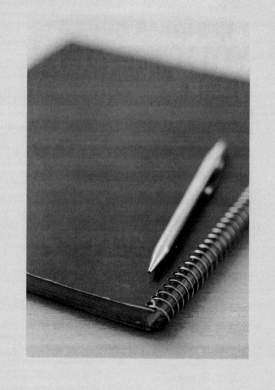

第2章
只有持续创造利润
才能生存

利润哪怕多1日元也要赚，成本哪怕少1日元也要压缩，无论做什么都要创造利润，要有这样的干劲才可以。如果没有这样的心气，不管个人还是企业都无法生存。你对于利润是否有正确的认识呢？自己研发的商品，不论多么精美、厉害，若是产生不了利润，就没有价值。因此，不管处于多么不利的条件下，追求利润、熟知销售技巧的人才是值得信赖的人！

19
时刻都不要忘记"创造利润"

一个我曾工作过的厂家在店里搞促销活动。促销能否成功主要取决于能吸引多少主妇客户。

负责这次活动的工作人员把策划书拿给我看。策划书内容很详尽，包括如何吸引顾客，甚至连下雨天的应急方案也有，给人的第一印象非常完美。

可是……这份策划书里没有任何地方出现"对销售额能贡献多少"的描述。

这听起来似乎有些搞笑，关于利润方面的设想完全被忽略了，这一点让人实在有些意外，而其实这种"官僚型商业人士"并不在少数。

而且，这其中的大部分人并没有意识到自己的问题。尤其是当我让亏损公司的员工提交这类策划书时，非常普遍的情况是半数以上的策划书都没有关于利润部分的描述。一个职业人士必须要常常思考"能赚多少钱"！

20
每个员工都要知道利润
是如何产生的

公司就应该在意利润问题。

但是，我看到过太多的企业在经营中忽视利润问题，业绩也不断下降。连领导者都是如此的话，一般公司里 70% 的员工就会不怎么关心利润，只有少数人才会在意利润问题了。

只要完成好领导吩咐的任务，利润就会随之而来——那样的时代已经一去不复返了。

如果每一个员工都缺乏"哪怕多赚 1 日元也要赚"的执着追求利润的劲头，这样的人形成的组织也是一个无法产生实际利润的组织。

因此，我接手亏损公司后做的第一项工作，就是以近乎洗脑的方式让全体员工搞清楚"这家公司应该用什么样的办法创造利润"这件事情。

21
工作的回报是工作，
利润的产生会带来下一个工作

这是我 30 岁出头，在一家外资企业做产品经理被工作搞得焦头烂额时，我的领导说过的话。

那时我负责一项食品方面的市场营销工作。我做了 5 次产品说明会，但我的策划一直没有通过。

我想那可能是最后一次机会了，通宵熬夜绞尽脑汁地思考方案，我的提案终于通过了。

那款商品后来大受欢迎，在公司销售额占很大比重。

在那之后，很多工作都来找我做。

那时，领导告诉我的就是这句话：**"工作的回报是工作"**。这句理所当然却十分质朴的话，时至今日我都还记忆犹新。

那个人是好人，那个人很认真，那个人很聪明……

生意可不是只靠这种看法就能轻易进行的。

只有工作干得好，制作出畅销的产品，为公司创造了利润，才会有下一项工作。

但这也不是说工作就是接二连三而来的。

说到底，"工作的回报是工作"。

　　为客户，为交易对象，为自己的公司做出大贡献并带来了利润，只有这样才能接到下一项工作。

　　也只有这样，才会为自己和周围人的生活添光增色。

22
哪怕只有 1 日元也要赚

我们家的祖辈是做木材生意的，我哥哥继承了家业，所以我从没沾手过家里的生意。但可能是因为生于商人家庭，"哪怕 1 日元也要珍惜"的观念在我的思想深处根深蒂固。

走上社会以后我颇感意外的是，许多公司员工对 1 日元根本没什么感觉。特别是那些生长于工薪阶层家庭环境里的同事们，很欠缺"进价能便宜 1 日元也好，经费能缩减 1 日元也好，卖价能贵 1 日元也好"的思考方式和行动力。

可是，生意的根本就是最大限度地争取对自己有利的条件，最大限度地获取利润。因此，**希望大家都能通过一定的方式养成成本意识，都能有"为 1 日元去奔波，为 1 日元而快乐的体验"**。同样是生于工薪阶层家庭环境，那些有过借宿生活、勤奋学习过的人更有成本意识。

周末陪夫人购物也能培养成本意识。希望大家一定要切身感受一下"1 日元的重量"。

23
创造利润所必需的 6 句口头禅

　　如果你是公司的领导，你会觉得为了一个公司的良好运行，有太多的事情需要做。但一家公司的结构关系很复杂，互相扯皮推诿是家常便饭。而且更现实的问题是，越是职位高的人，越缺乏打破现状的勇气。但是，一个团队要想创造利润，工作的时候必须要干练不拖拉！

　　这种时候，我常挂在嘴边的话就是：

1. 要做好不被接纳的思想准备。

2. 不要犹豫。

3. 不要胆怯。

4. 做事要诚心诚意。

5. 态度要毅然决然，且始终如一。

6. 做事要有忍耐力。

　　必须要做到改革要决断、执行要坚定、结果要接受，同时还必须要让下属清晰无误地了解改革目标，并向他们展示目标达成的美好预期。

24
销售额变成现金才叫销售额

当收到客户宝贵的付款后，很多销售人员竟毫不在意，没有表示感谢的话语，这让我感到痛心。

我觉得其中一个原因是在线支付的普及。以前一般都是销售员自己上门催收货款，他们都了解货款回收的重要性，也能了解到客户那里的资金情况。

但是，由于在线支付的普及，再加上为了提高组织的效率，很多公司把销售和货款的回收分别交给不同的员工负责，造成很多销售员认为"只要客户答应付款，我的工作就完成了"。

这样一来造成销售员忽略货款的回收，而更多地关注销售的数字，进而导致他们产生一种错觉——即便客户支付时间迟了一些，只要销售的数字提高了，那就意味着业绩也提高了。

请一定不要忘记"当销售额真实地变为现金后才叫销售额"这一商业原则。

25
关注客户的支付能力，向没钱的
客户索要货款是最难的

你是不是认为销售就是把商品卖给客户，再要求客户付款？

其实这种销售员对于一家公司而言是最危险的。

原因就是他们不关心客户的支付能力。当然，公司经营一切顺利的时候，这并不是问题。

但这是非常恐怖的！

如果遇到经济不景气，客户支付延迟或资金链断裂，销售员的这种判断失误就会让公司经营掉入一个陷阱。

一直以来，我把客户的支付能力分为 5 个等级。货款支付延迟超过 1 个月的话，我会要求客户用现金支付，否则不会发货。这些原则已经成为常识。**密切注意客户的支付能力，并据此采取相应的对策，这是非常重要的。**向一个没有钱的客户索要货款是最难的……

26
从战略角度研究业绩的变化

不管什么时代，经营环境都在发生改变。

要想提高在竞争中脱颖而出的战略能力，公司的决策者们必须提高进行市场调研的能力。

但这并不意味着必须要培养专业的调研专家，而是要培养能灵活根据调查发现课题，"找出对自己公司有利的观点"的战略家。

一直以来我对客户始终强调从战略的角度来研究企业业绩的变动，强化能在竞争中生存下来的战略能力。

以下 5 点是不可忽视的：

1. 能写出有明确目的性的"调查提案书"。

2. 能读懂调查结果说明的问题。

3. 能就调查结果反映的问题付诸行动。

4. 能看明白顾客真正的需求是什么。

5. 不要忘记利润来源于销售实战。

27
追求"以最小的投资获取最大的利润"是错误的

　　市场竞争的激化使得企业如何控制成本也成为一种竞争。当然，为了确保利润而进行的成本控制是不可或缺的。

　　但是，有很多企业控制成本的结果却导致了销售额或利润的下降。因为禁止招待客户失去大客户；因为削减人工费用而裁员，需要用人的时候通过招聘短期工来解决，但这些短期工能力过于低下导致工作现场一片混乱。这种本末倒置的成本控制的案例举不胜举。

　　其实，要真正追求成本控制，那种认为"以最小的投资获取最大的利润"的观点是错误的。我觉得应该从**"为了获得最大的利润，最大限度地进行必要的投资"**这一点来思考。

　　企业优先考虑的，不应该是为了控制成本而控制成本，而是先要考虑"利润第一"。我曾经执行过名目繁杂的成本控制，但同时也招待批发商去夏威夷旅游，这种大胆的投资曾让业界震惊。

28
一味压缩成本就能获得利润吗

我们来深挖一下为什么"以最小的投资获取最大的利润"这种做法是不成功的。

假设你是一名销售人员。如果优先考虑的是压缩成本，你就不会做任何额外的销售，你会认为只要维护好老客户，老老实实地完成销售任务就可以了。这样节省了交通费，节省了体力，也不用加班，的确可以压缩不必要的成本支出。但工作变轻松的代价就是业绩必然下降。

下面请你设想一下"为了获得最大的利润，最大限度地进行必要的投资"的营销模式。这一般不会造成销售业绩的下降，反而会促使你动脑思考怎样做才能更好地利用时间。每天一次的日常回访变成隔天一次，电话能解决的事情就用电话沟通，简化受理订单的系统模式，这些都能提高效率。这样，节约下来的时间可以用来开发新的业务。

压缩成本最可怕的地方就在于会导致人偷工减料。
"最好什么都不做"的思想，不论对于领导者，还是对于员工而言，都是有致命危险的。

29
控制成本、提高利润的两个关键词

　　我在亏损达 50 亿日元的尼康－依视路公司实行的控制成本的办法是"总量控制"和"零基础预算管理"。

　　"总量控制"是指不管项目总量有多少，都不能超过一定的总额，这对于削减制造费用非常有效。人的思考方式有时不可思议，与其决定"30 天内，每天的午餐费是 500 日元"，不如告诉他们"30 天的午餐费一共是 15 000 日元"，这样讲他们心情上更放松，也乐于花费心思想办法完成。也就是说，让他们自己去做具体的判断规划更能维持他们高昂的干劲。

　　"零基础预算管理"是美国前总统吉米·卡特提出的管理方法，该方法不再采用基于前一年的数据做预算案，而是将预算分摊到每个部门。这样不仅能减少不必要的支出，保障年底突然出现的一些计划外的工程费用，还能充分保障真正需要资金的项目的预算，因此不会影响销售额。

　　我用这两种管理办法帮助尼康－依视路公司的制造部门减少了 20% 的成本，也为销售部门和一般部门减少了 30% 的成本。

30
拥有"能力 × 时间"思维的
人才有创造利润的能力

　　我做社长时，常在办公室里转悠以便研究工作能力
强的人的共同特点。我发现他们都有很多特质。

　　**其中一个特质是工作能力强的人都善于"利用时
间"。**学生的学习也是这样，学习上的差异和学生的集
中力有很大关系。

　　我很尊敬的黛安芬国际集团日本公司前社长吉越浩
一郎曾创造过公司连续 19 年销售和利润持续增长的纪
录，他在公司内部实行的"加油时间"的管理方式让我
深感震撼。这一管理方式是指在下午的两个小时内，同
事间不做任何交流，也不接任何电话，全神贯注处理手
头的工作。利用这一制度，黛安芬的员工完全不用再加
班。不仅如此，原本需要花费 1 个小时的工作，15 分钟
就能搞定。工作效率一下子提高 3 倍！

　　正如吉越先生强调的那样，只有具有"能力 × 时
间"思维的人才有创造利润的能力。

31
同行名单比客户名单更重要

我从我常去的酒吧经理那里听到过一段很有意思的话："比起客户名单，酒吧更看重的是同行名单。"

一般公司，即便能做到关注同行的动向，也很少愿意积极和同行公司交流。

但在酒吧这样的餐饮业，和同行广泛交流的店铺生意更好，这是怎么回事？据说那些在进货渠道、开发新菜品、经营技巧、扩招从业人员等方面保持开放经营状态的店铺，营业额保持增长趋势。不同店的店长互相到对方的店里光顾，倒也能让生意变兴隆。

通过和同行的广泛交流，经营者平日里就能切身感受自己的店里有哪些需要改进。如此一来，经营者既能了解到客人的想法感受，也能知道自己的不足之处，这对于"创造利润"是非常重要的。

第3章
靠自己，
不要对公司有所期待

刚参加工作时，作为一名社会新人，我曾发誓："一定不被失败打倒。"因此，我才会带着一种独立的心态在工作中不断前进。因为一旦遇到紧急情况，能依赖的人只有自己！持续的不景气的确会让人害怕失败，公司前途未卜，自己也前路渺茫……但这时一定不要瞻前顾后，不要害怕失败，要掌握工作的基本技能，从正面突击前进！

32
20 多岁时一定要记住
"忍耐的重要性"

"工作方式改革"曾广受关注，可我觉得似乎很多年轻人有这样的误解，比如"长时间工作是不对的""应该做适合自己的工作"等。其实要想获得突出的成绩，努力是绝对少不了的，根本就不存在完美适合某个人的工作。

这是以前我听一个工作了 3 年的年轻下属说的事情。他上学时曾请教过大学足球社团的队长："怎么做才能像前辈你一样坚持跑这么多公里？"

那时，前辈回答他的只有一句话：**"无论做什么都只能忍耐。"**

这个年轻下属几乎全年无休地工作，是年轻人里少有的勤奋老实的工作狂。他努力的出发点可能就是前辈告诉他的"忍耐力"。不出我所料，他后来成为公司里最年轻的部长。

这个故事告诉我们，年轻时磨炼本领固然重要，但首先还是要有"顽强的忍耐力"。

33
能成功的人都是能够在工作中找到乐趣的

我还记得当我问 20 多岁的年轻员工"你为什么工作"时，得到的回答五花八门：为了生活、为了钱、为了家人和爱人、为了将来、为了兴趣……

这些都是某种程度上能预想到的回答，但我更期待听到的回答是"追求工作的乐趣""追寻工作的价值"。

对！不管做什么工作，不管在哪个部门工作，都要能发现其中的乐趣。如果工作时缺乏热情，人也就无法成长。

我在做一家亏损企业的社长时，曾把努力跑销售的科长调去仓库的商品管理部工作。他本人一开始也是很生气的，周围的人也以为他是被降职了，但他在如何提高盘货效率的工作中找到了乐趣，做出了业绩，成为他们部门的明星人物。这个例子告诉我们，**能成功的人都是"能在工作中找到乐趣的人"**。他现在已经升职做了总部部长，前途不可估量。

34
实现人生逆转的 7 条智慧

没有什么业绩；得不到上司喜爱，工作少得可怜；薪水不高；奖金越来越少，年收入也越来越低……很多人觉得自己的人生处于接连不断的亏损状态，把自己的现状都归咎于社会、不景气的经济和公司。

即便人生的不如意真的是因为周围环境的关系，即便人生现在真的处于亏损状态，我们应该做的事情还是要认真地去完成，努力改变自己的人生。为此，一定要注意以下 7 点。这些都是我每年写在手账上，经常提醒自己做的事情。

1. 所有的工作"要么做，要么不做"。

2. 只有热爱工作的人才能生存到最后。

3. 不聪明没关系，工作要诚实。

4. 能反省才能进步。

5. 要成为努力寻找解决方案的人。

6. 要有一技之长，有一技之长的人才能开辟新的道路。

7. 要有"一定能生存下来"的信念。

35
"成功体验"是最有效的良药

我成功救活尼康－依视路公司时，在同一栋写字楼里同样陷于亏损危机的子公司的员工们，都还在走廊一头焦急地来回踱步。尼康－依视路公司的员工经历过公司扭亏为盈之后，找到了"我们只要做就能做成"的自信，而其子公司的员工却觉得"我们做了也白搭"。

切断一切负面连锁影响，最有效的良药是"成功体验"。

可是，在现在这个时代，就算是小小的成功也非常难以取得。那就不妨果断地试着模仿一下成功的人或业绩出色的公司的做法。不要再在走廊来回踱步，试试大声讲话，这样有时能让人积极地看待问题。

总之，就是要转换心情，改变工作方法，才能获得好的结果。

即便努力了也没有结果——这时即便是毫无根据地自信也好，也要记得抬头挺胸。这是事态得以好转的关键。

36
让亏损公司生存下去必需的
10 种观念

我在亏损公司工作时，面对公司里的员工，我苦口
婆心喋喋不休跟他们灌输以下观念。

1. 不要逃避，要正面迎击，决一胜负！

2. 要全身心地投入一件事情！

3. 对于失败的原因要刨根问底！

4. 一流和二流的区别就在于是否有不放过任何
细微之处的眼力！

5. 一定不要害怕失败！

6. 要有越挫越勇的胆量！

7. 输了并不意味着结束，要战斗到胜利为止！

8. 不停止思考！

9. 有深度地思考！

10. 想要生存，就必须严格要求自己！

这些观念不仅适用于挽救一家亏损公司，也可以说
是"生存"所必需的。这也是我小时候学到的被认为是
理所当然的道理。

年轻的诸位读者，一定要记住这些话。

37
将小事做完美
是消除压力的特效药

你每日压力的来源,不客气地说,全都是因为"担心的事情"过多过于复杂。比如"那份文件,我没有再看一遍就直接提交了,有没有遗漏啊?""明天的约会,是不是需要白天打个电话确定一下?""今天是收货款的日子,客户那里能顺利打来货款吗?"……

越是以忙为借口,工作马马虎虎的人,越是容易累积这些细碎的担心,总是想"没问题吧",日子久了,就会演变成沉重的压力。

因此,消除压力的特效药是老老实实地把细小的事情也做到尽善尽美。

不改进工作方法,可能会出现不可挽回的重大失误。压力会造成人潜意识的不安,令你总是担心"这样下去的话,可能就会失败"。这种不安就是给你的"危险信号"。

38
拥有一个不受伤害的
强大内心的 6 句话

不要对公司有所期待，而是谨记下面 6 句话。

1. 要经常思考自己该怎么做！

2. 努力之后就只能听天由命了！

3. 失败了也没什么，不管成败，只管去做！

4. 只要有梦想，就有明天！

5. 光芒来自内心！外表可以以后再说！

6. 要靠真实的自己决一胜负！

当你难受苦恼的时候，不要立刻想着依靠别人，请
先想到这 6 句话。

扔掉依靠别人的想法，靠自己的双脚踏踏实实地
前进！

39
压力会让人变强大

　　我的工作是帮助面临倒闭的公司起死回生，这是一份非常耗费精力的工作：要当着高层领导的面，指出他们一直以来在工作中的问题；要彻头彻尾改变员工的工作方式。这是个容易四面受敌的工作，其中的压力绝非一般。

　　为什么我没有被这种压力打垮呢？这是因为经历过这种战场的历练，我真实地感受到自己变强大了。

　　我曾从一个体育俱乐部的教练那里听到过这样的说法。听说肌肉在运动之后会有一部分受到损伤，这些损伤的肌肉在复原后会比运动之前更强大。健美人士的漂亮肌肉，都是一次次受损再一次次修复慢慢得来的。

　　和肌肉一样，人也会有一种强大的自我修复的精神力量。不恐惧，直面现实，一定会在战场上收获坚强之心！

40
单纯地认为"只有这样"

　　我在 35 岁左右的时候在大型外资公司里做产品经理，可是在产品计划方面我常常感到力不从心。我无法专心于眼前的工作，一心追求结果。

　　这让我感到了巨大的压力，我的体重一度从 60 公斤降到了 45 公斤。在那之后的两年里，我一直靠吃安眠药才能入睡，最后竟发展到了拒绝上班的状态。

　　但是，突然有一天，我觉得再这样下去可不行。我的想法一下子变了，觉得不应该把工作想得过于复杂，而是要想得更简单。

　　换句话说，我做好了"既然如此，顺其自然"的觉悟。 正如 *Que Sera Sera* 这首歌所唱的："该来的总会来的。"

　　决定了要直面一切战斗下去，我的工作也越来越顺利。所以，感到艰难的时候不要在意结果，考虑问题不要太复杂就好。

41
能从失败中学习的人都很伟大

　　在面试跳槽人员时，我最注重的是求职者"是否有过成功体验"。而我的第二条录用准则是对方"是否有过失败体验"。这两者都没有的人，我是不会录用的。

　　据说以前本田公司曾有过"失败表彰"制度。遭受最惨重失败的员工会收到奖金。这绝不是玩笑话。

　　为什么会有这样的制度？

　　我觉得理由有两点：一是为了培养不惧怕失败、勇于挑战的人才；二是证明了那种办法是行不通的。也就是说**"失败了一次，就不会有第二次的失败"**。

　　我在评价一个失败过的人时，考虑的就是这两点。与其把重要的工作交给一个日常工作中避免失败的人，倒不如交给一个有过失败经历、痛定思痛的人，这能让人放心得多。

42
每天都要反省的 8 个问题

我 20 多岁的时候，公司里有位年长我 10 多岁的前辈 S 君。他是公司里的能人，也是最年轻的科长。我努力接近 S 君，终于有了一次和他一同用餐的机会。

当时，S 君这样对我说：

"长谷川你每天工作结束后会反省一天的工作吗？回顾过去的一天，好事坏事都在脑子里过一遍反省一下，这样才能迎接更好的明天。只有反省，才能进步。"

他还教给我下面 8 个反省问题。

从那以后，这种"每日反省"已经成了我的习惯，也正因为此，我的工作质量和效率都提高了一倍。

1. 今天学到了什么？
2. 今天有了什么想法？
3. 今天工作中的干扰因素是什么？为什么？
4. 今天离目标达成前进了多少？
5. 同事、下属会给今天的我打多少分？

6. 今天的工作氛围如何，心情如何？

7. 高兴的事和悲伤的事分别是什么？

8. 今天身体状况如何？如果身体不适，原因何在？

怎么样？

请你也从今天开始实践看看吧。

43
接受失败，
立刻再次发起挑战

现代企业不断重复上演着甲子园高中棒球联赛。与日本职业棒球赛、职业足球联赛那种"输了今天的比赛，只要明天能赢，还是可以保持前三名"的非一战定输赢的赛制不同，企业输了的那一瞬间，一切都归零。只有胜者才能生存，其他都是败者。

在这种状况下，即便你自己不愿意，也很可能已经被划在了失败组。

如果这时你觉得"这只是自己运气不好，过段时间就会转运"，一味等待事态好转，可能会栽更大的跟头。这就好像在坡道上摔倒，重力全都压在身上一样。如果不及时踩刹车，就会一直沿着坡道滚下去。

如果感觉到自己已经处在下坡，那就应该尽快阻止自己滚下去。人越往下跌滚越会失去斗志，离山顶的目标就越来越远。趁着往上攀登还不至于那么艰辛，应该朝着山顶再次行动起来。

44
在放弃之前讲 3 遍
"永不放弃"

　　我挽救过 2 000 多家亏损公司，从几十万日元的亏损到背负几十亿日元的债务，公司亏损的程度大不相同。我接手的这些公司的领导者们都觉得"多少亏损都大大不妙"，并深受其扰。

　　可是，有时即使拼尽全力还是束手无策。但如果选择止步不前，至此所有的努力付出都会化为乌有。

　　面对这些苦恼不堪的社长，即便是深更半夜，我也会大声说 3 遍"永不放弃！永不放弃！永不放弃！"鼓励他们。

　　我希望我的呼喊能唤醒他们，给他们勇气坚强地面对亏损这一大敌。**为了不让他们心灰意冷、中途放弃，我只有不断大喊"永不放弃"，让他们给自己加油打气。**

　　如今的时代生存不易，但请各位带着"永不放弃！"的精神去战胜困难吧。

45
永远将目标定在 110%

　　这是获得世界田径锦标赛男子 400 米障碍赛铜牌的为末大选手在解释他跑那么快的诀窍时说过的话：果敢地采取前倾的姿态时，为了保证身体不跌倒，只能用尽全力移动双脚来平衡身体。

　　这不就和工作时的心理建设一样吗？

　　不畏惧失败，重心全部压在前面。也就是说全身心投入工作，绝不回首过去。如此一来，就能紧盯目标，全力以赴努力工作。并且，可以将工作重心放到稍微超过自己原本设定的临界点的地方，这样处理工作的能力会不断提高。这是真理。

　　我重整亏损公司的时候，目标一般都定为 110%。如此一来，虽然带来不少超出自己能力范围的困难、课题，但这种负担可以大大提高工作能力，也将不可能变为了可能。

46
办公桌脏乱的人
容易在工作中出错

商业达人都是精于构建体系之人，他们拥有的不是创造奇迹的能力，而是能持续再现曾发生过的奇迹的能力。

比起那些只能偶尔能打出几个本垒打，净是三振出局的选手，隔一日就一定能击中球的人，就算不能成为一流选手，作为商业人士还算是优秀的。

不犯错，不错过机会，提高成功的可能性——不管是一流选手还是商业达人，都重视以上 3 点，形成自己的风格。有这种思维模式的人，他们的办公桌毫无例外都收拾得非常干净整洁。既不会找不到任何一页便条纸，当然也不会错过任何一个机会。

办公桌脏乱，这说明在伸手可及的范围内也无法构建持续再现成功的体系。这样的人即便取得好结果，我也确信那一定是偶然出现的奇迹，不会做任何过高的评价。

47
衣着不整的人很难赢得信任

我们常说："不要以貌取人！"

但反过来，这不正说明"我们平日里是多么以貌取人"。

国外热门电视剧里的刑警科伦坡穿着皱巴巴的外套，其原因在于那是一种伪装，是为了麻痹对方的一种手段；是电视剧的演出手段，是为了突出这样的外表和条理清楚的推理之间的巨大反差。现实中这样穿着打扮的商业人士出现在写字楼，你会觉得这人是搞推销或者别的什么，然后就会委婉地把他打发走吧。

衣着不整的装扮，是对对方考虑不周的表现。可以想象到这种人在商业活动中，只会是自以为是、不考虑别人的做派。不管"内涵决定成败"的口号喊得多响，我们只会做出与外表相应的评判。

如果能获得对方的信任，那么就可以说交易成功了一半。我的经验证明这是绝对的真理。

因此，要坚决排除在初次见面的第一环节会给对方带来不安感的一切因素。

48
不自信的人要坚持"早起"

早起需要人具有一定程度的坚定意志。对于从学生转变为工作者的社会新人而言，早起或许是非常辛苦的。

我常常在入职典礼上讲到"早起的作用"。同时，我也告诉台下的听众："没有比早起再简单的习惯了。"

请大家想一下。

和"每天跑 10 公里""每天学 10 个小时"相比，早起并不需要多么坚定的意志。

早起不是"最轻松的每日习惯"吗？

只要用意志力做到自律，自信也就建立起来了。这是因为"做到了早起"带来了"成功体验"。

第4章
越是不景气，
越要成为引擎般的存在

对待工作，你是"独立自主思考，享受过程，不断奋斗努力，体会成功感受"的人吗？公司会信任的人，正是具备这些要素的专业人士。越是遇到经济不景气，越需要这样的人勇挑重担。如今的时代，一个有依赖性的人会很快被别人取代，所以那些被称为专家的人一定付出了不为人知的努力，下了功夫并做出过改变。你也要丢掉依赖他人的想法，要努力成为被公司重视的专业人士！

49
专业人士不会因逃避丢掉信用

我 55 年的商业生涯中最看重的就是"信用"。可是，信用是非常脆弱的东西，一次交期的延误都可能轻而易举地破坏掉信用。非专业人士往往会失去如此重要的信用。

那么，专业人士会怎么做呢？

他们即便多花些钱，采用人海战术，也会尽全力赶上交期。这就像职业歌手即便发着高烧也会坚持站到舞台中央一样。

这种工作方法虽然伴随着痛苦，但它的回报是非常大的。或许还会遇到客户的投诉抱怨，但专业人士绝不会临阵脱逃。他们会第一时间奔赴现场，为客户排忧解难。

我在笔记中，多次写过"现在不可以逃避"。

简单来说，"工作方面的专业人士，是关键时刻不会逃跑的人"。

50
成为专业人士的 5 个必要条件、3 个充分条件

我提拔下属的条件非常简单,就是这个人是"专业人士"还是"业余人士"。我判定员工是否专业的关键条件,就是干劲、专业能力、适应能力、声望、健康。但仅仅具备这 5 个条件,还只不过是专业人士的候补队员。

满足这 5 个条件之外,我还希望这个人满足以下 3 个条件:①能独立自主思考,享受工作过程;②有过努力奋斗的经历;③努力付出,获取成功体验。

其中,我尤其看重的是努力付出、获取成功体验的人。

要想成功,平时就必须提高①和②的能力。

当然,这个过程中一定会遇到各种阻碍,那就需要人乐于在工作中不断战胜困难。只有这样,才能自然而然地满足所有的必要条件和充分条件。

51
专业人士不犯不该犯的错

一提到"专业人士"，或许会让人联想到那些能不
断表现出普通人不可能做到的漂亮绝技的人物。

其实真正的专业人士，是那些不会犯错的人。

我一直认为工作，95% 是肉眼看不到的努力，作为
结果展现出来的部分只有 5%。因此，我提拔一个人并
不是因为他有绚丽的外在成果，而是在综合考查其是否
能胜任一项工作之后才决定是否予以晋升。选拔任用人
才，我看重的不是结果，而是能力。

员工只有在经过考查确定其值得信任之后才会被委
以大任。

**因此，要想成为专业人士，"不犯不该犯的错"是
非常重要的。**

做到在工作中避免出现不该有的失误，最重要的是
打好基础。不要光想着一击得分，要做到零失误，拿下
该拿到的每一分。只有这样的人才，才是领导眼中值得
信任的人。

52
有意识地采取积极的思考方式

在某所大学的心理学课堂上，老师让学生写下想到的"积极的话和消极的话"作对比。比如，"他很聪明，他很笨""他很瘦，他很胖""老师的话忠言逆耳利于行，老师讲话严厉带刺"。据说，学生写的消极表达更多些。

这意味着什么呢？

据老师讲，这说明很多人平常就是用消极思想看待这个世界的。

人们常说"积极思考非常重要"。工作中也一样，领导可以通过下属的言谈举止做出判断。

虽说上面是大学生的例子，但我们难以想象具有这种消极思维的人，在走向社会后会立刻变得能积极思考问题。**因为如果缺乏自主意识，就无法拥有积极的思考方式。**

53
专业人士是具有强烈愿望、
高昂斗志并努力的人

小出义雄，是一位马拉松中长跑竞技比赛的教练。
我们是从少年时代开始认识的朋友。

在马拉松比赛项目上获得过奥运会金牌的有森裕
子、高桥尚子，就是小出先生培养的运动员。这两人都
不是小出先生主动招到自己门下的，她们都是"三顾茅
庐"，自己主动来投奔小出先生的。

而且，当初两个人都没有取得过很好的成绩，在队
中的表现也不突出。

小出先生告诉我，这两人能成长为获得奥运会金牌
的运动员，原因应该就在于她们"高昂的斗志"。

比如有森选手，在她还没崭露头角、还跑在其他运
动员后面的时候，就主动提出要求："请带我参加奥运
会吧。为了能在奥运会赛场上奔跑，我什么样的训练都
能忍受。别人练习一个小时，我会努力练两个小时。"

她不同于常人的强烈愿望、高昂斗志，极大地影响
了她的梦想能否实现。

同样，能在生意场上取胜、实现梦想的，也都是

"愿望强烈、斗志高昂"的人。

"想做这样的工作""想在业界掀起一股新气象"，坚定地追求年轻时的这些梦想，并为了实现梦想不断努力、下功夫的人，才能在竞争中取胜。

很少人能刚参加工作就从事自己想做的工作。

面对偏离了自己梦想的现实，很多人常常轻易地就舍弃梦想。即便有才华有能力，但走向社会后还怀抱梦想的话，会觉得自己不成熟。这样的人就会舍弃梦想，埋头于每日的工作中，认为如此才是正确的。

但是，真正的专业人士，即便身处离梦想千里之外的地方，也能在做好日常工作的同时，不舍弃梦想，并为了梦想的实现努力奋斗。

"无论如何我一定要实现"，人真的有一种力量能把这种强烈的愿望变为现实。

54
关注过程，
才能真正锻炼实力

生意场上运气的好坏，未必是肉眼可见的。更多的
时候是受制于一些我们没有注意到的原因。

我自己就有过这样的经历。有的客户会因为自己喜
爱的球队赢球了而心情大好，高兴之余给我下了一个很
大的订单。当然反过来，也有客户会因为业务员有事外
出联系不上等原因而大感不悦，造成工作中的摩擦
加剧……

因此，商业人士比起结果更应该重视过程。**不重视
过程的话，容易让自己过度自信地认为"能有好结果全
凭自己的实力"。**

据说，职业高尔夫选手在自以为完美一击的球意外
没进洞时，会告诉自己"球疯了"来调节失落的心情。
这种调节能力是由于运动员一直关注自己的动作，关注
比赛的过程才会有的。重要的不是得分，而是比赛过程
中动作能否都做到位。

55
良好的经营状况中潜伏着赤字的萌芽

通过对超过 2 000 家亏损公司进行分析，我发现经营状况良好时恰恰潜伏着赤字的萌芽。公司有畅销产品，财务状况也很好——恰恰这种时候最危险。高层领导中饱私囊，各个部门争抢功名而导致公司内部一片混乱。员工之间出现纠纷争执，互相扯皮。另外，由于公司已取得不少利润，导致员工危机意识消失，上班迟到、加班偷懒，使得下一个畅销产品难产。

因此，领导者更应该在公司经营状况良好的时候，深入观察公司内部的情形。

整顿公司风气，开发下一个产品，甚至有时还需要大刀阔斧地进行人事调整来改编组织结构。

我曾听人说过，中了彩票后就是不幸人生的开始。万事皆是如此，一旦钱财来得容易，人就会利欲熏心。

56
判断要缜密细致，
决断要干脆利落

20 岁以后的这 40 年间，我先后在许多家跨国企业工作过，我觉得**日本社会最大的问题在于将"判断"和"决断"混为一谈**。

只要能将这两者明确区分开来，商业活动的进展速度和效率都会大大提高。

英语中 judgement（判断）和 decision（决断）的区别是非常明确的。"判断"是在充分分析信息的基础上，得出正确答案；"决断"是在分析结果的基础上，决定选择走何种道路。

欧美商业人士的商业战略有逻辑且缜密，是因为"判断"和"决断"这两层结构根植于他们的文化中。在越来越开放的国际化社会中，人们的这种感受也会越来越强。

那么，日本的情形如何呢？

一般在日常生活中，日本人不太使用"决断"这个词。这也说明日本的商业人士并不十分理解决断这个词的概念。

因此，在日本社会常常看到的是大家做判断不花费时间，做决断却优柔寡断。日本公司的会议时间长就是典型的例子。

出现这种现象的原因在于，缜密的判断还没做好就急于做出决断。

而且，判断不充分就下一个决断，还会导致决断极其容易出现偏差。我们常说"三个和尚没水喝"，人多嘴杂，意见不统一，这句话的道理也真实地反映在日本人的心态上。

我认为该决断的时候，多花一分钟都是多余的。做决断要花费时间，恰恰说明判断错了或是判断不充分。

正因为此，我们应该要求自己做判断要缜密细致。

57

当竞争对手的计划、执行发生异常变化时，就是反超的机会

这是我在重整尼康 – 依视路公司时发生的事情。当时，眼镜行业正展开一场激烈的价格战。当听到业界龙头企业 A 公司也加入这场价格战，开始降价促销的消息时，尼康 – 依视路公司里董事以下的所有员工都是一副愁眉苦脸的表情。

但那时我的心里却窃喜着："机会来了！"

我不顾员工们的反对，把高附加值、高价位的商品投入到市场，该商品一举成为畅销品，公司业绩也一下子上来了。周围的人包括同行公司，大概都觉得我这是险招取胜吧。

其实，我只是用了销售技巧中出其不意的招数。

高价位商品利润率高，和低价位商品在销售数相同的情况下利润额也高。

在我看来，忘记这一原则，盲目挤入价格战，才是更奇怪的策略。

58
努力记住每一个人的名字

　　和我一起用过餐的人都很奇怪我为什么会受到店员们特别的服务接待。不用说我常去的饭店，即便是我第一次去的饭店，店员也会说："这是我们店里送给您的。"总是额外获赠一些小菜或葡萄酒，这让人感到诧异也是很正常的。

　　但这并不是因为我做了什么特别的事情。只是我在呼叫店员的时候"叫了他们的名字"……

　　因为互相叫了对方的名字，彼此的关系就不再仅仅是"店家和客人"，而会变得更亲密。

　　我讲这件事绝不是想要自我炫耀。**这是因为很多业绩不佳的销售人员对待客户仅仅称呼他们"客户"，甚至都没有积极想要记住他们的名字。**这种表面关系下怎么能销售出商品？社会才不会这么宽容。

59
人有 10 种需求

下面是我曾经的同事、经营学博士梅泽伸嘉做的分类。这些是我工作的法宝。我以这 10 种需求为基础，优先进行商品开发、销售战略等市场营销工作。

1. 丰富需求（人生要精神丰富）。
2. 尊敬需求（人生要受人尊敬）。
3. 自我提高需求（人生要实现自我提高）。
4. 感情需求（人生要充满爱）。
5. 健康需求（人生要健康）。
6. 个性需求（人生要富有个性）。
7. 快乐需求（人生要快乐、轻松）。
8. 感动需求（人生要有心动的感觉）。
9. 舒适需求（人生要舒服）。
10. 交心需求（人生要友善、温暖）。

大家可以在工作中灵活运用这些人的需求！

60
不要在自己方便的时候打电话，要在客户方便的时候打电话

据说能抓住客人、客流稳定的银座女公关和业绩差的女公关的区别，就在于"给客户打电话的时间段"。

越是业绩差的女公关越会在客户工作繁忙的下午给客户打电话。对于昼夜颠倒的女公关而言，打电话最方便的时间段是出勤前的那段时间。可是，自己方便的时候对于客户而言却是"工作最忙的时候"，这会招致客户的厌烦，最终适得其反。

与此相反，据说业绩好的女公关会稍微早一些起床，在客户中午休息的时间打电话。客户会想："好吧，下午好好工作，争取晚上去喝一杯。"工作热情也提高了。两种做法的差别显而易见。

可能是因为电子邮件、社交软件的普及，或是由于小家庭化的发展，我感觉越来越多的人有求于人时却完全不考虑对方是否方便。那些觉得"领导丝毫不为我考虑"的人，是否也应该考虑一下提出请求的时机是否合适呢？

61
讲话时越是盯着对方的眼睛，越难以达成销售

人们常说"讲话时要盯着对方的眼睛看"，但在日本的商业场景中，尤其是在销售方面，我不相信这句话的有效性。因为对于日本人而言，一直被人盯着看会感到痛苦难受。讲话方式不恰当，会让对方觉得"和这个人说话，怎么这么累啊"，因而可能会给对方带来负面的印象。

可是，说话时扭头看向别处，或是低着头讲话，又会被人认为缺乏诚意、自信不足。因此，**我基本上会将视线停留在对方鼻子下面，也就是"人中"的地方，偶尔在说重点内容时才和对方四目相向。**

在公司里我基本上也是这样。但当我斥责下属时，我会用严厉的目光一直看着对方的眼睛。这是为了以后当下属想起当时的情形时，会有一种压迫感——"那时身体都在发抖"。可见人的视线蕴含强大的力量，因此使用时要格外注意。

62
优秀的人能觉察到客户不溢于言表的不满

这是东京一家知名餐厅的老板说的事情。他刚 40 岁出头就已坐拥 5 家店铺，我终于知道他成功的原因在哪里。

他只要有时间就会听客人的意见，并且能知晓客人没有用言语表达出来的建议。

有一天我身体不舒服，主菜的鱼料理几乎剩下一半没动。

结账时，他刨根问底似地问我："长谷川先生，今天您点的比目鱼有什么问题吗？我想知道您为什么没吃完。"

我回答只是因为我身体不舒服。他一直这样对客人刨根问底，为的就是给客人提供最好的菜肴和服务。

客人并不会把所有的不满都说出来。如果只是小小的不满意，他们一般会咽在肚子里不说出来。

但有时问题恰恰就在这里头。能考虑到这些眼睛看不到的客人的不满，也是这家店长期以来受到客人喜爱的关键。

63
提升日常销售额的 5 个要点

有种方法可以通过努力将日常的销售额提高 20%。
我曾负责制定某家相机连锁店的销售战略。我在 10 家
店铺中销售额最差的门店里，待了两个小时观察进店的
客人。

进店的客人总共 18 人。可是，这期间只卖出去一
台两万多日元的数码相机。

然后我教给售货员以下 5 个要点，结果在同样的两
个小时里他们就卖出了 5 台相机。现在我在这里公开这
个秘籍。

1. 观察客人的目光，了解客人的购买意向。

2. 主动跟客人打招呼，制造机会。

3. 跟客人一起寻找他想要的商品。

4. 设身处地帮客人做最后选择。

5. 让客人感觉到"买得物超所值"。

以上这几点并不难做。大家抱着给恋人买礼物的心
情就可以。

64
在上班路上做好当天的
工作安排，是员工的基本义务

　　我从没在一早踏入公司开始工作之后还看报纸。因为在从神奈川大矶的自己家到东京通勤的大约 1 个小时的路途上，我已经获取了工作必需的信息。这本书的源头"惊奇笔记"，其三分之一的内容都是我在上班的路上写出来的。

　　在我看来，那些到了公司以后才开始思考"今天的工作从哪里着手"这个问题的人，是完全的业余人士。在上班的路上就计划好当天的工作安排，这应该是工作的人最起码的义务吧。

　　就像士兵不带枪炮和地图奔赴战场，生存下来的可能性很低一样，进入职场不掌握最新的信息和工作计划的商业人士，其生存率也是极低的。

　　"面对办公桌就准备好临战状态！"这句话我每次晋升都会更铭记于心。在办公桌前优哉游哉的 5 分钟享受时间，随着你职位越来越高，对公司造成的损失也会越来越大。

65
养成及时回复的习惯

　　速度，可以说是现在商业活动中最重要的关键词之一。这一点在日常的交流活动中也同样重要。

　　一大早，关系非常好的老客户发来如下邮件，你会怎么办？

　　"下午的会议我们要商议一下贵公司的 A 产品，价格上能给我们优惠多少？"

　　答复其实非常简单。你只需要立刻和能做出价格让步决定的领导讨论一下，回复客户："价格上，我们能降到百分之 ×× 。"如果领导外出不在，你也要用尽一切可能的办法，尽快回复客户。

　　如果是在客户那里遇到这样的问题，你就要在职权范围内给予答复。"我回去以后，再和您联系。"这样讲的话，就太晚了。"关于价格让步问题，如果是 ××%的话，我现在就可以跟您保证没问题。想要再多点折扣的话，我觉得也行，但我要先回公司请示一下再回复您。"这样答复客户的话，客户也容易应对。

回复并不需要准确无误。你一定要明白提出问题的人只是想先获取某些信息而已。

另一方面，是不是也有很多人会先大概给个回复来敷衍了事呢？

我们从下面这样的例子就能看出来。

回到公司，收到了客户发来的以下邮件。

"您有关于 A 公司业绩方面的信息吗？"

这看起来和平日的工作邮件有些不同。

可是，客户特意这样问，一定有他迫不得已的隐情。

所以，专业的销售人员一定会如下回复。

"这个信息您什么时候需要？我尽量去收集。据我所知，似乎那家公司的业绩并不太好。"

第5章
让别人觉得
"只有你才行"

人工智能和机器人以后会被更多地运用在人类工作的领域中。到时，能活用人类特有能力的就是须利用想象力的业务。你能将"单纯的想法"转变成"策划"吗？然后，这个策划能满足需求、产生利润吗？今后的时代，会要求每个人具有独立提出能创造利润的策划的能力，觉得"自己不适合"的人请一定要掌握！

66
PDCA 之前要做的重要事情

  "PDCA"这个词语也广泛应用在商业活动中。PDCA 是 Plan（计划）→ Do（执行）→ Check（评价）→ Act（改善）的缩写，是促进生产管理、品质管理顺利进行的手段。

  可是，PDCA 在很多公司并没有得到充分利用。它的确是管理公司的有效手段，但几乎没有公司能理解它真正的意思并加以有效利用。

  其实在执行 PDCA 之前，需要收集、分析信息，搞清楚什么是公司真正的经营课题。**搞不清楚真正的问题、课题就制订计划而行动的话，PDCA 不可能顺利执行。**我经手过的 2 000 多家亏损公司的共同点就是"根本没弄清经营课题是什么就执行 PDCA"。

  想要用 PDCA 的方法顺利进行工作，必须在收集、分析信息的基础上精准地找到课题，确立应该解决的目标，然后制订并执行计划。

67
越是工作能力强的人，
掌握的文书格式越多

　　我常常觉得那些工作效率低的人、经营能力低的公司领导者"没掌握有用的文书格式"。只要有好的书面文书的格式，就意味着能掌握高效率的工作技能。

　　越是有能力的人越是有很多"文书格式"并能灵活应用它们，这样的人我见过很多。**开始一项工作时，只要手头有能够运用的文书格式，就能轻松写出工作计划书。**这是为迅速且周密地开展工作所必需的工具。

　　能注意到这点的重要性，是因为我在数一数二的跨国企业里工作过很长一段时间。要让不同国家的众多员工能一起工作，如果不对计划明文规定，就一定会在细小的环节中出现差错。

　　当然，文书格式如果只是照搬模仿也没有意义，应该是自己制作的格式。只要巧妙利用并着手应用，就能写成一页纸篇幅的详细计划书。

68
7 个步骤把 "想法" 变为 "策划"

认为策划是否好取决于生意点子的观念，是日本商业人士的一个错误观念。所谓策划，就是制定目标，并做规划以实现目标。只要目标设定和实现方法明确，并不需要独特新颖的点子。

我在制订策划时的基本思路，就是我日常遵循的以下 7 个步骤：

1. 把握现状（现在发生了什么）。
2. 筛选课题（现在存在的问题是什么）。
3. 课题改善的可能性（问题有可能改善吗）。
4. 设定目标（何种问题要改善到何种程度）。
5. 实现目标的行动计划（如何实现改善）。
6. 验证经济性（收支状况将如何变化）。
7. 对其他方面的影响（一旦计划执行，会有什么样的风险）。

先要收集信息，把握现状，从中调查出课题和改善的可能性，再从若干可能改善的点中锁定目标，考虑实现目标的手段。

另外，还要验证这个策划将会给公司带来什么样的利益，蕴藏着什么样的风险。只有经历过这一系列的过程之后，策划才能在商业活动中产生价值。

未完成以上 7 个步骤的策划，仅仅是想法而已。止步于想法，任何标新立异的策划都没用。

比如，有一份关于潜在畅销商品的策划，但如果公司已经推出了市场占有份额大的同类商品，那再投放新商品就没有意义。

所以在这种状况下还提出相似策划，就是因为忽略了第 1 步"把握现状"和第 2 步"筛选课题"。

再比如说，可以确定某商品会成为畅销商品，但相关策划需要大量的资金投入，只有资金雄厚的大企业才能办到。作为中小企业却提出这样的策划，这是因为没有进行第 6 步"验证经济性"。

相反地，即便商品策划平凡无奇，但只要制订时的前后步骤完成得当，也可以说是一个好的策划。不要因为构思不新颖而烦恼。

69
策划书的内容
不要超过一页 A4 纸

策划制订过程最简单的方法，就是根据前面 7 个步骤的格式来制作策划书。按照上一节 1 至 7 的步骤填好内容，如果哪个步骤有遗漏，下属自己也容易察觉。

关键就是所有的事项都要写在 1 页 A4 纸上。以我的经验，越是能力低的下属，写出的策划书页数越多。

理由有两个。**第一个理由是因为书写者没有很好地理解策划内容，撰写过程中就无法做到提炼概括。**这种情况下，可以让其归纳在 1 页 A4 纸上，以便梳理思路，这样他就能写出一份好的策划书。

第二个理由是有人写的页数越多越容易有种"这是自己努力的成果"的自我满足感。这对于阅读策划书的领导而言也费劲，对书写者本人而言也浪费时间。考虑到双方的工作效率，1 页 A4 纸的内容正好。如果无法归纳在 1 页纸中，那可以另附 1 页纸作为参考资料。不管是纸质还是电子策划书都同样适用。

70
需求包括满足欲望的3层构造

市场需求，是由 Be、Do、Have 3 个动词构成的 3 层构造。

位于最底层的根本性欲望是"想成为什么"的 Be 需求。

这个表现在行动层面上，就成为"想做什么"的 Do 需求。

符合条件的商品成形了的话，Do 需求进而转化成"想要拥有什么"的 Have 需求。

在商品策划阶段显露出来的 Have 需求和策划创意一致的话，那么基本上就算成功了。

但是，从企业的产能出发，原本计划想要从市场需求考虑，也无法获得市场的理解——像这样找不到 Have 需求的例子也很常见。

这时，脑海里要有需求的 3 层构造，这样就能从更潜在的需求来预测 Have 需求，以此作为判断依据。

71
体现不出利润的策划书
不是策划书

策划的好坏最终要通过检验经济性来判断。一份看
起来有趣的策划书如果带来的是亏损，那也要舍弃。相
反，一份毫无新意、普普通通的策划，如果能为公司带
来利润的话，那也要给它开绿灯。

在以前的日本企业中，如果策划的立意点优秀，且
又有先例可循，大部分都比较容易通过。

而在我工作过的跨国企业中，每一份策划书都必须
要提交收支计算书。不管是提出策划的一方，还是审核
策划的一方，都要就"何时能产生多大的利润"展开
讨论。

现在日本的企业也在改变。收支计算书就算不太周
密，但只要有提交就是一个进步。而不考虑利润的策划
是肯定通不过的。不涉及收支比较的策划书，只能算是
一份报告书。即便其有新颖的想法，也不会投入到实际
行动。

今后，策划书重视利润的这种倾向越来越强的话，
自然会要求领导者具有更深入的会计知识。

比如策划书中预计销售额为 1 亿日元，这真的能实现吗？列出的促销费用 500 万日元，这足够吗？

这并不意味着领导者要成为专业的会计人员。如果辨别不了下属列举的数字的真伪，那就将这些数字交给相关部门或相关人员进行确认，只要有这样的调整能力就可以了。

不管是自己直接判断，还是借助他人的力量精细检查，最重要的就是能看明白正确的数字。简单来说，策划管理也就是事业管理。

作为策划，最重要的就是有"商业方面能产生多少利润"的观点。

72
好想法是通过"量大于质"的
尝试提炼出来的

　　当想不到解决问题的好办法时，我总会想起发明大
王托马斯·爱迪生的"天才是 1% 的灵感加 99% 的汗
水"这句名言。

　　这句名言一般被解释为"为了一个好的结果，努力
是非常重要的，其余全依赖小小的幸运"。

　　但我不这样认为。

　　"如果没有日积月累的努力，何谈灵感幸运降临。"
我认为这才是这句名言里隐含的真实意义。

　　白炽灯是爱迪生一项伟大的发明。当时，电灯已经
被发明了出来，但因为通电后灯丝很快就燃尽，所以这
一技术并没有得到应用。

　　爱迪生为了找到灯丝的替换材料进行了 10 000 多次
的实验。

　　最终，他用碳化棉线作灯丝，成功连续点燃 40 个
小时。

　　随后他进一步做实验，用日本竹子制作的灯丝成功
点燃 1 200 个小时，加快了白炽灯实用化的进程。

这段趣谈值得我们关注的地方是，爱迪生为什么选择棉线、竹子这样的材料。他用棉线、竹子做实验，这绝不是偶然。

其实，爱迪生为这个实验准备的材料超过了 6 000 种。他利用所有能找到的材料反复实验，排除掉所有失败的材料，最后才锁定棉线和竹子。

让我们感到惊叹的是爱迪生将所有材料都筛选了一遍，并且为了一个不知道何时能成功的实验不厌其烦地反复测试这些材料。

为了用排除法找到最佳的灯丝材料，前无古人地扩大了材料的备选范围，前所未有地增加了实验的次数。这正是爱迪生的伟大之处。

要想获得一个好的点子，只有通过尝试更多的点子，一个个排除掉不行的选项。

能否不惜付出努力，大概就是富于想象力和想象力匮乏的人的区别吧。

73
用跨行业的意识
打破认知的壁垒

在接手大型眼镜公司尼康－依视路的重整工作期间，我曾做过一次单价 11 万日元的定制眼镜策划。

当时在日本国内没有一家企业生产单价在 10 万日元左右的奢侈眼镜。因为业内的生产标准基于"客人购买眼镜的预算最多 5 万日元"的认知。

但结果颠覆了业内行家的预想，我开发的奢侈眼镜大受欢迎。我们成功开拓了新市场，还受到了业内人士的高度评价。

但我自己并没有感到开拓了新市场。

作为眼镜销售，我们这的确是一次新的尝试，但奢侈品市场的客户一直就存在，在他们看来，购买 10 多万日元的装饰品并不稀罕。我只不过是将视线从行业内部转变到行业外部。这并不是什么标新立异的想法。

一味局限在业内狭小的范围内，容易导致人的思维固化。

和同行业者竞争的想法当然很重要，但发散下思维，将完全不同的行业作为潜在的竞争对手来思考，能获得不同以往的新想法。

比如旅游业，不要只是把眼光放于其他观光娱乐产业，那些疗愈人心、给予人感动的商品都可以视作竞争对手。

又比如学习辅导机构的经营，不仅能从其他教育产业中借鉴经验，从孩子们喜爱的游戏或漫画中也能获得一定的启迪。

总之，只要有跨行业的意识，就能打破以前的壁垒，得到一些启示。希望大家一定不要只局限在自己的行业里。

74
要做好 3 个新产品
策划方案当备选

"新商品刚上市，销售很好，可是部长却催我抓紧策划下一款新商品。但是现在我就想全力以赴推进新商品的销售……"

这是以前一个厂商的科长跟我诉的苦。

的确，我能理解在新商品刚投入市场的那个阶段，没有时间进行下一个策划的现实情况。

但部长的要求也没有错误。因为不管商品刚上市的情况多么乐观，我们都无法预知这个势头能持续到什么时候。

如果那时没有策划好下一款商品，就会造成不得不销售一款我们明知市场反应差的商品的局面。

在不同行业、不同领域中，商品或服务的周期、研发期都有所不同。有时一款新商品上市的同时，我们也要准备好下一个甚至再下一个商品。也就是说，我们必须在做好既有商品的推广的同时，还要做好新商品的策划。

另外，那种"我们公司有招牌产品，没问题"的想法也是不可靠的。

以前有段时间，牛仔裤的销售情况一落千丈。牛仔裤作为休闲时尚的代名词，虽然市场反应有过小小的波动，但几十年间一直保持着比较稳定的销售。

可是当廉价牛仔裤广泛普及以后，市场急剧缩小。牛仔裤占绝大销售份额的服装产业链公司也普遍业绩下滑。

不管多么经久畅销的商品，总有一天市场也会疲软。

到那时，没做好准备的企业，随着其主力商品的销售下滑，整体销售额也会下降。

这并不是说时代落后了，而是没能与时俱进的公司出了问题。

我自己的经验是，即便有销量好的商品，也要做好3个预备商品的策划。

上市商品如能持续受欢迎，那么新商品的策划雪藏一段时间也没关系。重要的是当时代急剧变化的时候，"你手里是否还握有王牌"。

75
产能与需求不匹配时，
优先考虑需求

　　商品策划的最佳情形，是在产能和需求完全匹配的状态下的商品化。

　　但现实并不遂心如意，企业领导者常常需要在产能和需求不匹配的情况下做出商品化的决断。

　　这时，到底应该优先考虑哪一边呢？

　　我的回答坚定如一。

　　犹豫不决时，要优先考虑市场的需求。 这是一条铁则。

　　优先考虑产能的商品，就像三振出局状况频发的本垒打击球手。由于策划的是在现实市场中并没有需求的商品，不受欢迎的概率高也是意料之中的事情。

　　可是，若能准确把握市场，发掘出潜在的需求，就有可能独占市场，引发惊人的销售热潮。

　　基于市场需求研发的商品却鲜有销售惨不忍睹的情况。这是因为将市场的需求商品化了，当然不会发生这种情况。

　　只是，别的公司也容易掌握那些显而易见的市场需求，竞争因而更加激烈，想独占市场份额十分困难。用棒球打个比方，就像整队击球率一般般但一垒打的击中率却极高。

运气成分较多的本垒打击球手多的阵容和稳扎稳打一分一分争取的击球手阵容，哪一队更容易取胜？在现代棒球中，很明显是后者。

这和商品策划是一个道理。**比起在高风险、高回报的商品策划上下赌注，脚踏实地策划好把握较大的商品更能产生利润。**

首先要找寻产能和需求的结合点，如果两者不能完美吻合，就应该根据需求策划商品，等待产能的壮大。

这是策划商品时领导者应该具有的正确思路。

76
考量好对手与自身的力量关系，
再选择战略

　　在我重整一家亏损厂家，整理其过往商品策划时，
发现他们有好多个策划都被中途放弃了。我问负责的科
长为何会这样，得到的回答是："因为竞争对手的公司
抢先销售了同样理念的商品，我们觉得自己的优势少
了，所以中途叫停了这些策划。"

　　这是这家厂家最不应该有的举措之一。在这个意义
上，这家公司陷入亏损状况也是一种必然。

　　这家公司犯了两个大错误。

　　第一个错误是，因为商品开发的延迟而被别的公司
抢去先机，错失了抢先销售的收益部分。

　　**在生意场上获胜的不是最初想到某个创意的公司，
而是最早实现这个创意的公司。**即便千辛万苦策划了一
个好方案，但如果研发延迟被别的公司抢占市场先机，
那这个方案也就失去了价值。

　　第二个错误是，因为第一个错误而放弃自有创意的
商品化。中途放弃策划，就意味着只有竞争对手一家公
司的商品投放到该种商品的市场中。只要没有其他竞争

公司加入市场，那么最早开发此种商品的竞争对手公司就会独占市场。

在某些特定商品领域，即便对手公司独占市场，但如果你能在别的领域绝对压制住对手的话也没有问题。

可实际上一旦某个商品市场被对手独霸，往往会对你的其他商品市场造成不利的影响。

老实说，翻版商品注定"打败仗"。

可是，有时即便知道这是场必输之战，但为了减少损失不得不后起销售。当然，即便知道是必输之战也要应战，也仅限于自己公司和对手公司资本相差不悬殊的情况。

如果对手是大型企业，原则上你就要通过选择"战场"和集中"火力"，从自己不擅长的领域撤出而将资本和人力集中到擅长的领域中；如果自己公司的规模能压倒性地战胜对手，即便被对手抢占了先机，你也可以依靠以量取胜的策略主动出击。

请在考量好对手和自己公司的力量关系后，选择恰当的战略。

77
以消费者的感觉、言语
为基准创造"原点商品"

从过去到现在，世间有太多好商品、好服务。这里面很多东西其实也是畅销的。

创造畅销品的名人擅长从这些"原点商品"中提炼真髓，通过自由组合创造出全新的商品和服务。

这些新创造的东西，因为有着"原点商品"的精髓，所以极有可能收获消费者的支持。

所谓的新创意，其实大部分都是过去已有创意的组合。

创造一个从没有过、从未见过的东西，这首先就是不可能的。

即便能创造出前所未有的商品，但这些闻所未闻的东西因为缺少让人理解的"熟悉因素"，顾客无法做出好坏判断，所以一般人并不会轻易接受。

可是，商品策划和开发部门的有些人还是会过于看重商品"是否具有独创性"这一点。

他们一直认为，"如果不设计出一个从未有过的商品，那就没必要投入生产""参考现在畅销的商品进行新商品的开发，这是一种低级的做法"。

但让他们拿出一份策划书时，他们就开始讲得云里雾里，让人看不到策划能成功的依据。

究其原因，他们会说："如果自己感觉不好的话，就无法自信地开展工作。"

不管时代如何多元化，要培养的必须是不以自我为中心，而是以消费者的感觉、言语为基准创造"原点商品"的想象力。

78
掌握的数据越多，
越能看到规则和例外

我从 27 岁开始着手写作的这套"社长笔记"丛书，让我掌握的最厉害的本领是**"我能通过某种现象找出其中隐藏的规律"**。

我每天从早上起床到晚上上床睡觉，一天中每时每刻都随身携带我的笔记。这本笔记里记满了我了解到的信息、我的疑惑之处或是头脑中突然闪现的想法，这些都让我能全面立体地审视掌握的信息。可以说通过写在笔记上，我接触的信息量获得了飞跃般的增长。

我身边常见一些优秀大学的毕业生，在工作了 10 年、20 年之后，当开始做自己的项目时，仍然只会收集贫乏的且只对自己有利的数据。他们的策划书，我只看一眼就能想象到其成功率微乎其微……总之，我看到的不是靠头脑和身体力行收集到的信息，而是基于空想理论的偷懒的策划。

对于信息、数据，我们应该"沉浸其中"般地大量接触。只有这样，你才能逐渐知道其中原因和结果的规律。

其实这种规律即便你一开始想找，也未必能找到。

"信息灵敏度"就是指在数量庞大的数据中，突然灵感一现，找到原因和结果的因果关系。

这个词还告诉我们另一个重要的因素就是"例外"。

这是一种能推测出"例外"出现在何种情况下的能力。

其实这也是一种回避危机的能力。

79
让畅销经久不衰的三大撒手锏

现在女子高尔夫运动很受欢迎，那大家知道推广这项运动的樋口久子女士（日本女子职业高尔夫协会前会长及现顾问）吗？

据说她曾一年中有 200 多天奔波在全国各地，游说各地赞助商来支持女子高尔夫选手，我在她身上学到了很多东西。

第一个是"细致"。我曾有幸在长青女子高尔夫职业大赛中做过服务工作，从中学到了很多，比如樋口女士会在最恰当的时机给我支起遮阳伞。这些一般人考虑不到的细微之处，樋口女士在工作中也都考虑到了。

第二个是"低姿态"。樋口女士的成就让人震撼，她是第一批女子职业高尔夫选手、女子淘汰赛第一位冠军、夺冠次数高达 72 次的日本女子冠军纪录保持者以及第一位登上世界球坛的日本选手。

但她的待人接物，却丝毫没有让人感到有架子，有的只是谦恭、追求极致的人才具有的落落大方。

　　第三个是"高度关注赞助商和到场者的感受"。樋口女士深知职业赛事离不开赞助商，所以她非常重视职业－业余配对赛，采取了很多取悦赞助商的办法。她会促进参赛的职业选手主动和赞助商、来赛场观战的观众交流，积极举办交流课程和签名会。

　　以上三点在商业活动中也同等重要。这样做能得到消费者、赞助商等顾客的支持，是让畅销经久不衰的最有力的办法。

第6章
点燃工作现场，
让员工发挥120%的实力

领导不必追求被下属认可为"好人"。领导要做的是每日坚持有目共睹的努力，言出必行，带领团队，引领下属成长。如果你想成为一个真正的领导者，那你自己必须不断前进，提升自我的存在感。你行动起来，你的下属才会动起来。一件事情，你若是光说不做，那你的下属一定也停滞不前。你要明确什么才是一个真正的领导者，用你的力量让那些死气沉沉的工作现场来个180度大转变吧！

80
领导者必须做好
7 条思想准备

所谓领导就是"负有责任的人"。这就要求领导者
具有不同于普通员工的思想准备。我在培养一个领导者
时，首先会让他做好以下 7 条思想准备：

1. 重视原理、原则。

2. 不隐瞒不好的消息。

3. 行动迅速。

4. 最大可能地减少会议。

5. 能自己找到工作做。

6. 切实执行赏罚分明。

7. 不搞分裂主义。

要注意这其中的每一条都不可欠缺。否则你很有可
能会被下属或领导认为是一个不称职的领导。

81
真正的领导者要做到的
4 种行为

从一名组织领导的角度，希望你首先考虑以下两点：为了企业的生存，能敏锐感知公司内外的变化，根据情况调控"公司的力量"；不断磨炼、强化组织能力，以便应对公司内外环境的变化。

为此，你必须首先要做到以下 4 种行为：

1. 能注意到好的方面，更能意识到自己是否做到了这一点。

2. 要有舍弃过去牵绊的勇气。

3. 消除组织的隔阂、障碍。

4. 消除上下级之间互相扯皮、推诿的行为。

在瞬息万变的现代社会，一个组织对于形势的变化应做到临机应变。以上 4 种行为从下属的角度来看是希望自己的领导改善的地方，但一旦转换成领导的角度，有时确实难以真正执行。

82
让改革深入组织的两个要点

吉越浩一郎作为黛安芬日本公司的前社长，在其在任期间，连续 19 年实现企业的增值增收，他是打造与众不同的企业内部管理体系的高手。

比如，他规定 11 点半至 12 点半为午餐时间。其他公司的午餐时间都是从 12 点开始，这样吉越公司的人就可以避开用餐高峰期，从容地享用午餐。

另外，吉越先生还在公司内部推广 TTP 一词。据说这个词让公司利润不断增加，它代表的是 "Tettei Tekini Pakuru！"（日语罗马字书写法），也就是 "徹底的にパクる"（意为 "彻底地窃取"）的缩略语。吉越先生认为在窃取别人创意之后再加上一点自我特色的话，就能成就完成度高的、独创的工作，他觉得完全模仿别的公司的优点是天经地义的。

这个想法非常简单，但它有两点是别的公司无法模仿的：**一是坚持脱离旧弊；二是将这一思想巧妙地渗透到公司的每一个角落**。吉越先生能成为颇有建树的名社长，原因就在这里。

83
让别人行动起来的 5 个要诀

这是我正式进入一家亏损公司为其做重整工作的当日，面对全体员工讲话时，特别提到的 5 个要诀：

1. 举例要通俗易懂。

2. 改变以前的目标。

3. 公布新目标并说明原因。

4. 表示新目标需要大家齐心协力。

5. 表示价值观也要众心一致。

其中，召集所有员工，讲清楚公司的"目标"这一点非常重要。

84
能委以重任的人是可以
"帮助下属取得成就"的人

我愿意提拔重用的人才，是能 120% 调动下属能力
的人。然后我会按照以下 7 点逐一对照，做最后判断：

1. 有能力让下属感到"自己在成长"。

2. 有能力指导基于原理、理念的实际行动，而
不光靠雕虫小技的知识。

3. 有热情对待下属的能力。

4. 指导上不犹豫彷徨。

5. 待人接物既周到又严厉。

6. 有了解下属优缺点的能力。

7. 能做下属的幕后英雄。

其中，第 7 点非常重要。

因为能够做到第 7 点的人，他所领导的部门一般都
是业绩最好的部门。

85
领导者要有
"一定要盈利"的信念

成为一名领导之后，必须一直要保持的是以下3点信念：

1."一定要盈利"的觉悟和信念。

2.热情和坚韧不拔的信念。

3.为达成目标而不断建设团队的信念。

这些看起来似乎是理所当然的事情，但要一直坚持不松懈却并不容易。

一旦思想上有"市场在缩小，我们也无可奈何"这样的想法，第1点信念就消失了。一旦业绩上升，就很容易把第2点信念置之脑后。关于第3点，如果团队在不知不觉中变成了"好朋友小帮派"，不管对于领导者还是对于下属来说，所在的组织都变成了舒适的温室，这样下去领导就会失去大刀阔斧改革的勇气。

实行这3点看起来很容易，但如果没有真正的信念力量，是难以实现的。

113

86
越是看起来吓人的人，
越能获得别人真正的信赖

随着阅历的增长和职位的提高，我越发觉得这句话
道理深刻。

商业人士随着职位的不断晋升，势必会越来越孤
独。因此，身为社长的人是最孤独的。

普通员工的话，说话随便些也会得到谅解，但随着
职位的升高，讲话时相应地就要使用掷地有声的、以公
司利益为先的语言表达。

如果在下属面前抱怨公司，这不仅会打击他们的工
作积极性，有时还会被抓住小辫子。

因此，铁石心肠还是必需的。

形成一个不允许下属撒谎和打马虎眼的体制，对于
想顺利发挥领导力而言，是格外必要的。

这是因为一旦心慈手软原谅谎言，不仅会被下属轻
视，而且还有可能会导致以后下属的背叛。

所以对于小谎言、想蒙混过关的小心思都不可以视
而不见。那就要在公司内部安插情报人员，建设情报网。

在我刚到这些亏损公司工作时，在前面我也说过，

我会在公司内部宣讲："非常欢迎大家提供情报线索，但你并不会因此获得优待。"其实，这个宣言本身就有一股强大的震慑力。

谎言和违规会把公司变成一个素质不定、没有威严的地方。如果担心让下属觉得你有威严而感到害怕的话，那就有可能让公司变成不正之风盛行的地方。

那种老好人式的领导，即便受人喜爱，也无法获得别人真正的信任。

87
领导者需要有智慧手腕

　　我发现很多走下坡路的公司，它们的大部分员工都停止了思考。有的公司的员工们并不知道该做什么，只是当一天和尚撞一天钟。

　　当你成为一个组织的领导后，调动"没有干劲""没有责任感""安于现状""不满意自己，缺乏干劲"的下属的积极性就是你的责任。

　　但这并不是说你要揪住下属的错误不放，认为有了一个训人的好机会，然后吼他："你都工作几年了！"这可不是什么好方法。

　　我多次强调过"领导需要有智慧手腕"。不分青红皂白地迫使下属屈服，并不能正确引导下属成长。充分发挥自己的实力并让下属充满干劲，做到这一点是需要一些技巧的。

　　批评下属时，不要纠结"能做／不能做"的问题，而要基于"做／没做"的标准进行责问。比起用"你都工作几年了！"这样的话，倒不如给出具体指示："为什么你没有立刻给 × × × 打电话呢？"

88
如果批评了下属，一定要加倍表扬

对于犯错的下属就应该进行批评。我会不加掩饰、真情流露地批评，让下属记得"我被长谷川先生批评的时候，真是吓得要命"。

受到批评，下属当然会受伤，他的自信可能也会受到打击。因此，我如果痛快地批评了一个人，就会用多一倍的时间和精力去表扬他。**我觉得对方受到了伤害，那么批评他的人有义务替他疗伤。**

那么，具体应该怎么做呢？

我会梳理一下下属犯错误的经过。大部分错误的表面原因就是一两个小小的失败。因此，我会指出他们的失败之处，批评完他们再表扬和出错没有直接关系的部分。比如，我会说："这一部分是你明显的失误，但问题出现之后你的后续跟进工作很迅速，减少了损失，也得到了客户的理解。我对你还有信心，所以希望你继续保持好的这方面。"给出这样的好评，会把下属的一个失败转变成他的动力。

89
领导者要能够让人产生"我想和这个人一起努力"的愿望

要做到这一点，从我自己的经历来说，是比较困难的。尤其是在业绩不好的亏损公司里，领导者必须要让身边的人有强烈的愿望，觉得："我想和这个人一起加油，一起努力。"因此，为了激发员工的自豪感，我尝试了很多办法。

比如，我逐一仔细查看每个员工的业绩，即便实际业绩多少有些不如人意，我也会找些名目表彰他们。**其实，对于无法按照业绩数据来获得考评的部门的员工，认可他们默默无闻的付出，很多时候也会成为鼓舞全体员工干劲的力量。**

这是因为能否挽救一家亏损公司，最重要的是能否激发员工们的积极性。以我们刚才举的表彰制度为例，激发积极性并不需要多大的成本。为了能最大限度地利用公司现有力量，最应该做的工作就是将下属培养成有干劲的人。

90
能激发下属干劲的 4 个
"表扬时机"

"表扬技术"是调动下属的一个窍门。但表扬的语言并不是灵丹妙药，也并不是不管三七二十一表扬就完事了。**如果不根据下属的状态相应改变表扬或批评的方式，有可能反而会降低他们的干劲。**

所以重要的是看透下属的心理，当他们处于以下 4 种状态时给予表扬：

①正处在成长期，且不断努力发挥更多才能的时候；②陷入自我满足，必须要付出更多努力的时候；③想走出低潮振作起来，但不管做什么都不顺利，丧失自信的时候；④处于萎靡状态，甚至没有欲望想要改变什么的时候。

尤其当下属处于②和④的状态时，我们会想要批评他们，但这时如果反过来给予他们一些激励表扬的话语，更能"激发干劲"。

91
表扬的话最好在清晨讲

你是一个会表扬下属的人吗？

还是一个会批评下属的人？

不管你是哪一类人，都没有关系。只要能激发出下属的积极性，能让他们全力以赴地工作，就是正确的方式。

只是，有一点我要说明一下，那就是**"清早不要批评，而是要表扬"**。这是因为一大早表扬员工能促进公司业绩的提高。相反地，如果一来上班就受到消极话语的打击，那这个员工当天的工作不会因此糟糕不已吗？

我做顾问的一家食品超市的管理者不仅表扬下属，而且表扬的内容都很具体。

比如会说："我一直觉得你的笑脸是世界上最美的。"表扬是一种肯定对方的行为，能让对方产生"那就加油努力吧"的想法。

只有能激发下属干劲的领导才是真正的领导。

92
发现并激活下属的潜力

我摆脱亏损的策略,3个月就能看出胜负。这期间很重要的事情就是发掘能任用的人才。只用3个月就要将一家公司扭亏为盈,这让我根本没有时间和精力培养人才。因此就要求领导者要有一种发掘人才的能力——能知道在A部门不突出的人,在B部门的话一定能发挥能力。

大家可以参考将多年处于职业棒球队最后一名的球队打造成常胜球队的野村克也教练的观点。野村教练提出两个能激活下属能力的关键做法。

1. 通过改变意识来转换方向。

2. 让其掌握一种新东西。

比如让投手放弃追求投球速度的梦想,转而让其学习新的变化球。又比如让击球手放弃全垒打,使其找到适合自己的击球方式。野村教练强调找出队员的潜在能力并让其尝试去做,这才是一个领导者的作用。对此,我深有同感。

93
领导者的向心力取决于
"言行一致"

公司里有时候挺不可思议的。有些领导能平静地向
社长提出建议，自己的工作称不上细致到位，但其领导
的部门的业绩却不断提升。

相反，还有些领导对上面的人唯命是从，平日的工
作也认真敬业，但其所在部门的业绩却不断下滑。

看一下这些领导的下属，就能明白差距产生的原因
在哪了。

前者的下属，脸上的表情都生动无比，而后者的下
属，其态度却让人觉得有些莫名的冷漠。

也就是说，这个差别就在于领导者的向心力不同。
能提高业绩的领导，对社长、对下属，都能一视同仁、
推心置腹地对待；而对待下属无聊无趣的领导，他们只
对社长或自己领导的话言听计从，因为言行不一致，所
以他们无法获得别人的信任。

比起自身优秀、脑袋灵活但得不到下属信任的领
导，虽然自身有些小缺点，但受到下属信任的领导，其
所在部门的能力更容易得以发挥。

也就是说，即便在社长面前也不要轻易许诺。"说过的事一定会做"，这种态度更容易建立起领导和下属之间的信任。

而我作为社长，对于这样的领导，对其进一步的发展和晋升是抱有期望的。

这样的人才，如果能进一步提高技能，那么他们的下属也能在一瞬间提高技能。

向心力对于领导者而言是一把双刃剑。

一步走错的话，就有可能导致向心力成为只顾谋划自己部门利益的挡箭牌，会掩盖掉部门内部的纷争或消极因素。

其实，像亲人一样的领导很多都是这种类型。

94
领导者要有一种
由内而外散发出的存在感

读卖巨人队的终身名誉教练长岛茂雄，是我的母校
千叶县佐仓高中的学长，比我高四届。他在大学时期曾
带领六大学校的明星杉浦忠选手和本屋敷锦吾选手回母
校拜访，他热心指导校棒球队的身影我至今都记忆深
刻。当时就觉得他浑身散发着一种光芒。

长岛学长说过下面的话：

**"第四位击球手，只有技术是不行的。需要具备一
种从内而外散发出来的存在感，要树立起'作为主攻手
的地位'。"**

有些人不管他的工作能力多强，就是不适合做领
导。对于这样的人士，这位百年不遇的名球手的话或许
听起来挺刺耳的。

但我觉得这种由内而外散发出来的存在感，通过个
人努力是可以获得的。

在我担任过社长或 CEO 的公司里，那些想做部门
领导但却无法胜任的员工的共同点，就某种意义上说，

是他们都是"冷静的人"。

尤其对于亏损公司，好比是棒球比赛第九回合下半场，要来个两人出局的满垒打。

那时能委以重任的是"能一起并肩作战的人"。

工作中只论结果成绩并不足够。需要有燃烧的斗志以鼓舞部门的士气。

从内而外散发出的存在感其实就是这种斗志。

如果想做一名领导，就要保持这种高昂的斗志！

95
传达的事项要控制在
3 分钟以内能说完

这是发生在我朋友公司里的事情。公司部署"抢夺竞争对手市场份额"的任务后，听说第 1 销售部和第 2 销售部的两名部长，用了几乎完全不同的方式向下属下达了这一任务。

第 1 销售部部长利用各种数据进行了长达 30 分钟的战略说明。

第 2 销售部部长的训话却只有短短的 1 分钟。"这次我们采用包围策略！总之要在我们的销售地区里彻底夺回被竞争对手抢去的市场份额。"训话简短得都不需要做笔记。两个月后，重新夺回市场的是第 2 销售部。这个例子说明信息越简洁，越能言简意赅地传达出主题。

过长的说明反而会模糊了焦点。**传达的事项要控制在 3 分钟以内说完。**优秀的人有能力用简洁的语言表达复杂的事情。

请大家磨炼这种能力。

96
顾客是上帝，但有时我们需要维护自己的下属

有个负责量贩店业务的销售部员工情绪十分激动地回到公司。一问，说是客户以签约为条件，把他当作店里的销售员一样使唤。

这种时候，你若是他的领导，你会怎么办？

"顾客就是我们的上帝！即便觉得客户不讲理，为了公司，你也要忍耐一些。"如果你这样训责下属，那你不配当领导。即便是非常重要的客户，我们也没有义务让自己的员工被客户当劳动力使唤。作为领导，要正式地向客户提出异议，来维护自己的员工。

我其实遇到过这样的事例，曾两次取消交易。

我是这么和客户说的："我们公司和贵公司一样也非常重视员工。如果您不能理解，那我们只能终止和您的交易。"

那么，我们的销售额下降了吗？

没有，员工们更自豪地为公司工作，极大地促进了业绩的恢复。

97
当销售额不理想时，
领导者应扪心自问的 7 个问题

企业应适应社会环境，时刻灵活应对、做出改变。在波涛汹涌时能降下风帆，在风平浪静时能看清浪潮的流动，直指利润这一目的地。因此，第一次做领导的人，要时刻保持敏锐性，要能搞清楚"我们公司、我自己的工作，现在处于一个什么样的状况"。以下就是我作为公司管理人员，每天必会自问的 7 个问题。我会问，公司或商品：

1. 是强是弱？正在变弱吗？

2. 有没有成功的可能性？

3. 规模要扩大还是缩小？

4. 是发展了，还是没变化？

5. 价格是高了，还是低了？

6. 有没有干劲？

7. 那么，这是什么原因造成的呢？

其实，以上前 6 句都是检验公司所处位置的问题。最后一句"那么，这是什么原因造成的呢？"是指不要只关注消极因素，而是要积极思考问题的"暗示语言"。

98
"消极的口头禅" 在公司蔓延的 5 个原因

当我进入亏损公司工作时，总会发现公司内部很多人都有"消极的口头禅"。比如"怎么都行""这个以后总会有人做的""这个可不是我的责任""你来干吧""算了，就这样吧""这点工资，还干什么活呀"……

这些消极的口头禅在公司内部蔓延的原因，大体上可以分为以下 5 个：

1. 社长和经营管理人员没有发挥应有的作用。

2. 没有制定明确的理念和目标。

3. 组织结构复杂，谁做什么不明确。

4. 公司在亏损，但大家却都不知道工资来自哪里。

5. 不清楚自己公司的长处和短处。

这和做什么都不成的人是一个道理。不动脑，没有设定自己的目标，不理解且无法控制工作流程，对利润如何产生毫不关心，不了解自己的长处和短处。

99
商业现场真正需要的
是消极思考

　　开策划会议时，有人不断地指出会议上提出的许多
策划的不足和不利的方面，如"时间上够呛""预算不
足""似乎有家公司也在做"。总是消极考虑问题的人会
使会议气氛变得很尴尬，有时不谨慎一些的话，还会遭
到别人抨击："你得往好的方面考虑！"

　　可是，这样思考是有罪的吗？

　　我不这样认为。把消极因素一条条列出来，这本身
就是一个重要的思考过程。**积极思考的陷阱在于正常的
验证功能无法发挥作用**。所以，对于消极的因素，即便
感到不舒服也要从正面面对它们。

　　消极思考是商业活动中的一项重要才能。但是，一
味地消极思考，那单纯就是令人扫兴。为了不招致别人
的厌烦，我觉得可以表达得温和一些，比如可以考虑给
出替代方案。

100
常胜队伍的常胜法宝就是不要更换守门员

当我听到足球界有这样一句格言时，忍不住就把它写在了笔记本上。这是因为，这也是公司发展态势良好时领导者需要注意的事项。

让我意外的是，很多人并不知道公司经营状况良好时人事变动带来的危害。但这有可能引发事业危机，所以一定要谨慎对待。

足球比赛中，更换守门员可能会改变场上的形势，可能会让球员们误认为场上的战术要改变了，导致他们改变场上的节奏，以致引起球迷和媒体骚动，疑惑"为什么赢球了还换人"。

经营上也是这个道理，更换守卫重要位置的人会产生很多弊端。第一，有时会造成带来良好局面的体系产生微妙的变化；第二，有可能会推进一个错误的变革；第三，有可能造成公司内外都反感。这对于一般商业人士也是同样适用的道理，当一切顺利的时候改变工作体系是一大忌讳。

第7章
能让公司起死回生的
关键是员工

公司业绩不好，理所当然就会引发裁员、结构调整等。这时那些懒惰的人、总依赖别人的人，是无法"生存下来"的。公司需要的是能用自己的头脑思考、能快一步动起来的人，而且是比别人行动力快一倍的人。公司这种组织，重要的是像棒球队一样全员行动、团队作战。但如果团队中的个人不强大的话也毫无胜算。因此，首先要把自己磨炼到"发光发亮"，然后从替补队员，到正式队员，再到指导员或教练，一路前进!

101
拥有 3 个差别优势，就拥有了"鲜活的竞争力"

商业人士要想在残酷的时代中生存下来，以下 3 种能力上的差别优势缺一不可。

1. 基本能力的差别。

2. 能否出色地推荐自己长处的差别。

3. 在组织中，自己能否获得重用的差别。

也就是说，希望你不要忘记"提高该有的基本技能""除了锻炼提高基本技能，也不能疏忽学习和别人不一样的特殊能力""不断确保在组织中拥有自己能够生存的桥头堡（阵地）"这 3 方面的努力。只有这样，你才能立于战场上。

企业为了生存也必须在以下 3 个方面拥有差别优势：

1. 产品的差别。

2. 销售语言的差别。

3. 销售体系的差别。

你要为你的企业能拥有这 3 个差别优势而努力。

102
不景气环境中面对的
3个选项

在不景气时，企业可选择的道路有 3 条：①抢夺市场份额；②缩小自己的规模；③开拓海外市场。

这对于个人而言也是一样的。比别的同事都更努力地工作，在公司内部获得更好的评价，或是安于比现在还要低几成的薪水，或是寻求新的市场。

比较起来，后两个选择不确定的因素多，但我真心想劝告大家要"**挑战工作中的硬骨头**"。

即便你甘于忍受可怜的工资以便确保有个安身立命之地，但这是一个弱肉强食的社会，这个办法并不保险。另外，现实情况是新市场，也就是跳槽或新的买卖也不容易成功，所以我也不建议大家从现在的公司抽身离开。

最后，王道之选就是要展示出工作热情，获得大家的认可，让大家觉得你"能干别人 3 倍的工作"。

103
工作中需要的不是操作指南，
而是"兵法"

我小时候学过剑道。与其说是剑道，不如说是"剑术"，那是一种古代武术的流派。现在想来，比起体育锻炼，它更多的是一种含有生存术理念的训练。

即便是 10 岁的小孩，也要和高段位的大人打斗，所以每个人都要全力以赴。为了不输，必须要想尽办法。知道正面出击毫无胜算，所以就装作没头没脑地出击，声东击西，寻找对方的弱点。只要能抓住哪怕对方调整呼吸时的空子，也能避免必输无疑的结局。

伺机而动听起来有些胆小怕事之意，但我的经验告诉我，**弱者想要对抗强者，这种伺机而动的战略是必需的，而且是非常宝贵的。**开动脑筋生存下来——这是操作指南上绝不会记载的兵法之道。我希望现在的人能掌握这种感觉。

104
不轻视 1 毫米的成长

日本男足国家队前主教练加茂周在担任日产球队教练的时候，曾训练球员"1 毫米作战"战术。这是指"每个人要 1 毫米、1 毫米地成长"。当时的日产是很弱的球队，它和竞争对手洋马球队、古河球队、读卖球队的差距可不只 1 毫米，而是好几公里。

可是，加茂教练看重的是眼前的 1 毫米。一个足球球队是由 11 个人组成的。每个人都进步 1 毫米，11 个人就会进步 11 毫米，加上工作人员，就会进步 20 ~ 30 毫米。这种努力积少成多，最终日产球队在 14 年后成长为获得 1988—1989 赛季 JSL[①]1 部、天皇杯、JSL 杯三冠王的球队，成了现在的横滨马里诺斯俱乐部球队。

1 毫米的努力也好，只要努力的人多了，也是一股巨大的力量。坚持努力，一定会成长。

请大家也不要轻视"1 毫米的努力"。

---

① 日本足球联赛（Japan Soccer League）。

105
与其担心将来，
不如解决好眼前的难题

我经常被人问道："你接受管理亏损公司的工作，不害怕吗？"我当然害怕，但太害怕就做不好工作。

古罗马的哲人皇帝奥古斯都曾说过这样的话。

"不要去想以后还有多少苦难在等着你。对于现在正发生的事，你要问问自己'这个事情的什么地方让你难以忍受'。让你不堪重负的不是将来的事情，也不是过去的事情，而是现在的事情。只要能找到真正的问题，你会发现那些让你困扰的事情真的只不过是些小问题。"

拯救一个亏损公司也是如此。杞人忧天是因为心中无限放大了小烦恼。**与其担心将来，一个个解决眼前的问题才是不至于苦恼不堪的关键。**

106
"信用能力" = "担保能力"

　　我和一些领导者交流时，常常探讨"什么是信用能力"的问题。这时，很多社长都异口同声地提到，"**信用能力**"等于"**担保能力**"。也就是说，不管是向银行也好，还是向朋友也好，当自己遇到资金缺口时，"现在的自己能借到多少钱"。

　　换句话说，就是一旦你遇到资金困难，银行或朋友信任你，能借给你多少钱的问题。那个借款额就能证明你自己的"信用能力"。

　　你不可以因为"现在的我没有任何担保能力"而放弃。"**信用能力**"**不是一朝一夕一蹴而就的，它是一步步累积而来的**。年轻的时候，年轻就是积累信用最好的武器。

　　不管对待任何工作，都可以发挥年轻这个武器，积累实实在在的业绩。这种积极向上的工作态度，也能增加你在公司内外的"信用能力"。

107
企业与个人生存的
两个绝对必要的条件

商业的本质是"展现和别人的不同"。努力提供胜过其他公司的部分，并不断重复这份努力。

这个道理同样适用于个人。你和竞争对手的待遇存在差别很正常，所以你首先要从这一点改变思路。

另外，残酷的企业竞争会一直存在。今后市场垄断化仍会加剧，更多的企业会面临倒闭或被合并的悲惨命运。

那时，你还能生存下去吗？

能否生存下去的差别就在于是否拥有专业知识和技能。即便公司倒闭了，"我可以一个人去中国开展销售，争取订单"——只有能说出这种话，有这种即时作战能力的人才能再次就职。

但是，那些只会说"我在倒闭的公司里做过部长"的人，却需要一番苦战。

因此，在公司存续期间，你要掌握只有你才有的专业知识。你要让公司里的人觉得"这家伙一休息，事情还真难办"，要有这样的强大自信。

　　做工作的另一个绝对条件是"人品"。 当你不在公司时客户来访，他们会关心地询问："那个谁，今天不在吗？"你若是迟到 10 分钟，公司里的人会担心你"出什么事情了吗"？你要具有被大家挂念的好人品。

　　现在的日本教育提倡平等主义，有些学校就连赛跑也不排名次。

　　但在现实的商业社会中，商业成果自不必说，就连人的好恶感情，所有的一切都有高低名次之分。因此，如果一边宣扬平等主义，一边却对自己的处境牢骚满腹、难掩怒火，这不会得到任何人的同情。

　　努力无止境地发展自己的能力。在商业世界中，这就是"善"。

108
如果努力了业绩还不理想，
请思考一下问题在哪里

　　我重整亏损公司时，最先做的是对销售部门的考查。我会跟随每个销售员，仔细观察他们每个人的行为。

　　然后，我发现业绩不太好的销售员的推销话语中，有一个共同倾向。

　　因为过于热情地想要介绍商品的特点，总是会罗列出该商品的各种优点。

　　但这种推销话语反而让顾客感受不到商品的魅力何在。因为介绍的特点太多，反而埋没了商品真正的长处。

　　然后，我就指导他们："**你用同样的时间介绍商品的 10 个特点，倒不如集中地好好介绍其中 1 个特点。**"后来，他们的业绩明显地开始提升了。

　　如果你努力做了但业绩并不理想，那请你再次思考一下自己公司经营的商品的优势到底在哪。

109
有学历但没有学习能力的人，有体力但没有耐心的人都无法在企业生存

有学历但没有学习能力的人，有体力但没有耐心的人，不管履历表写得多漂亮也无法在企业中生存下来。

有学历但没有学习能力的人，只能把交代给他们的工作做好。可是，他们不会自己主动积极地思考问题，所以进步很慢。

另一方面，有体力但没有耐心的人很难坚持到底。他们不会深究一份工作对他们的真正要求是什么，所以就缺乏干劲。

也就是说，这两类人不够关注自己的工作。至少在领导眼里看来是这样的。如果我有这样的下属，我会让他用"俯瞰的眼光"审视自己的工作。我还会让他假设自己当上了部门负责人，思考这时的自己需要具备什么、应该做什么。这样能让下属产生责任感。

实际上，较早出人头地的人的共同特点，就是能总览全局。他们总能总览全局后再行动，即便交给他们超出其能力范围的工作也很让人安心。

110
企业不景气时
应牢记的 7 点

现在的时代无法预知明天会怎样，若经营公司无方，有可能会失去所有的一切。

与其冒着巨大风险赌一把而后悔，不如一步步稳妥、踏实地前进。

我经手过的近 2 000 家亏损公司的 50%，当时都是这样命悬一线，处于危急关头。

我希望他们记在脑袋里的行动原则、思考方式，以及希望他们重视的是以下 7 点：

1. 按照短期、中期、长期的视野来划分工作。

2. 不做无谓的冒险、不冒不必要的风险。

3. 不虚图名声、不得意忘形。

4. 不孤注一掷，可以摸着石头过河。

5. 不焦躁、不慌张、做好最坏打算。

6. 谨慎采取非常状况下的对策。

7. "各自能力 × 可以判定胜负的时刻" = 成功时刻。

作为必要条件，还需要 "不放弃、坚持到底" 的精神品质。

111
能生存下来的是连员工家属都会引以为荣的公司

当我接任亏损公司的一把手之后，最先需要做的就是让员工再次以公司为荣。经我手扭亏为盈的公司超过了 1 000 家，我总结出一点：**能让公司起死回生的关键就是"员工的干劲"。**

人对于一件自己都感觉不到自豪的事情，是无法做到全力以赴的。因此我才会在全体员工大会上讲道："我们要把公司建设成一个当我们的孩子去学校，会自豪地跟大家讲，'我爸爸就在那家公司工作'这样让孩子引以为荣的地方。这个目标只靠我一个人是无法实现的。只有大家齐心协力，一起努力才能实现。"

这个道理在个人身上也完全适用。你要时常关注你自己做这份工作是不是有一种自豪感，要不断审视**你自己的工作态度能不能让家人看到也不会感到丢人**。不可思议的是，只要有了这种自豪感，业绩自然就能提高。

112
想要获得自我成长，
就必须要付出 10 成以上的努力

日本传奇棒球手铃木一郎曾说过：

**"刷新别人的纪录只需要 7 成、8 成的努力就有可能
实现。但刷新自己的纪录却必须要付出 10 成以上的
努力。"**

一郎选手提到，比起和身边竞争对手的比拼，和自
身的较量才是更艰难激烈的。

为什么我现在要说这个小故事？是因为在公司里也
有这样的现象。

我见过很多刚进公司就锋芒毕露，大家都觉得"这
个人将来一定能出人头地"的人，他们最后却平平无
奇。原因在于这些人一旦战胜了对手，就会松劲，工作
时只用了 7 成的努力。

他们和一郎选手不同，懈怠了对自己的磨炼，所以
就会止步不前。如果你吝啬于全力以赴，那就要找到正
确的前进道路。

只有让自己不断成长，才能有所收获。

113

从赌徒思维中学到的
"经营法则"

　　我不喜欢赌博。所以我不喜欢熬夜打麻将，然后无精打采来公司上班的员工。但有次我听了某位员工的话之后，感觉赌博和做买卖竟有相似之处。

　　那位员工大概那天也是玩到了天亮，以致上班都迟到了，而且还一副完全不在状态的样子。我压抑住气愤的心情，问道："××君，你告诉我赌博的必胜绝招是什么。"

　　结果他回答说："就是要能分清输赢胜算。"我又问："这是什么意思？""胜算大的时候就多下点赌注，感觉不对的时候就少下赌注，不要损失太大。形势不太好的时候，最重要的就是能控制住自己不要出手。"他回答道。

　　我本来想通过说服他赌博没有必胜之术，来教育他要专心工作。但听了他的话之后，我竟觉得能赚钱的地方要多投资，不擅长的领域要尽可能减少成本支出，在这一点上，"经营和赌博真的很相似"。

114
品牌效应易毁难建

　　我听说服务行业顶尖级别的丽思卡尔顿酒店曾经传达出这样一句话："品牌就是约定"。我认为，"不欺骗""坚守和顾客的约定"，这是品牌最终能确立的不可或缺的条件。

　　品牌通过能稳定提供符合顾客预期的商品才得以成立。那是一种能让顾客感到"因为是××家的商品，所以没问题"的信任感。因此，一旦品牌效应有了，那么顾客会毫不犹豫地成为回头客。

　　可是，只要有一次事故发生，品牌效应就会在一瞬间化为乌有。这是因为被欺骗的感情会一下子在顾客中间爆发。

　　不管积蓄了多大的品牌效应，都会在一瞬间崩溃瓦解，而不是像浪费金钱一样，慢慢消失。而且，要花费很长的时间才能重新建立。

115
明确取胜的条件，
能够提高成功率

　　大家知道宫本武藏的"一乘寺之决斗"吗？

　　这是剑道名师吉冈一门为了一门的名誉，派年幼的又七郎为头领，率近100名门下弟子，决战武藏一人的故事。武藏如何应对这场极不公平的决斗呢？

　　武藏并不认为完全打倒对方100人才算胜利。他觉得只要打败头领又七郎就算赢了。

　　所以，武藏很早就到达了决斗场地，隐身寻找机会。斩杀又七郎后，他又逃到田间小道。因为小道非常狭窄，创造了他能和敌人一对一决战的有利场地。

　　看起来很难的任务，一旦明确取胜的条件，有时会意外地降低事情的难度。事先要从理论上分析怎样做才能达到胜利条件。如此一来，成功的概率就会大大提高。

116
采取必需的最低程度投资

　　据说一郎选手用的击球棒比别的选手的要细。理由
是"粗的击球棒击中率的确会高一些，但不管是粗的还
是细的击球棒，击球棒内部实心的体积基本上没有差
别"。粗球棒内部实心的占比要低一些，容易打出偏离
中心的不太好的球。所以他喜欢细的击球棒。

　　当我在电视上听到这段话时，我觉得"这和在缩小
的市场中开展业务有相似之处"。

　　粗的击球棒就像重金投资，而细的击球棒就像必需
的最低程度投资。以前，投入了大量资金也没关系，只
要球能向前飞就行。在反复挥棒的过程中，只要能打出
安打就可以了。

　　但现在要求的是用最低的必要成本打出安打。因为
企业已经没有力量挥击又粗又沉的击球棒了。

　　所以我想让大家理解的是，**"细的击球棒采取不同
的打法，也不会改变打出扫垒安打的概率。所以，用细
的击球棒绝不是不利的因素"**。

117
向动物们学习生存方法

　　市场营销专业的我特别佩服动物们的生存和生活方式。它们简直可以说是这个领域的达人。

　　比如，动物们为保护自己，避免天敌侵害而生存下来的行为模式可分为 4 种。第一种是快敌人一步，比如快速逃跑，或是像乌贼那样喷墨。第二种是像贝类或虾那样拥有坚硬的外壳抵挡敌人的攻击。第三种是有再生能力，即便身体的一部分被敌人吃掉也能生存下来，海星、很多虾类或蟹类都会再生。第四种是生活在捕食者无法生存的地方，比如在岩石中挖洞栖息，或生活在其他生物无法到达的深海。

　　这和"如何在和竞争对手的较量中守卫公司"是完全一样的道理。**有没有可以对抗敌人的优势，是否能坚持打好手上的牌，即便损失惨重也能忍受、坚持并逐步扭转局面，开拓对手还没有涉足的利基市场……**这些方法在你自己的生存过程中也能运用。

118
相信自己具备生存所必需的
技能与精神

　　这是一家在泰国销售杀虫剂的小商社的故事。这家
公司将日本产的杀虫剂的标签翻译成泰语，一切准备就
绪，供货给当地的超市之后却根本销售不动。于是商家
把商标标语再改回日语，只在商标的一个角上用小小的
泰语做了一些说明。没想到，销路因此打开，销量特
别好。

　　其实在东南亚国家，人们对于日本产品抱有非常大
的信任感。这大概是因为在产品管理方法方面，日本和
亚洲的其他国家具有根本上的不同。

　　这是因为日本企业以"生产好产品"为宗旨进行品
质管理，所以才能在生产过程中就避免出现不良产品执
行严格的质量管理。

　　而亚洲其他国家更重视"大量生产"。总之要先生
产，剔除出现的不良产品就好，即便一半是不良产品也
没关系，生产为先。

　　当然，这种差别就表现为质量的不同。日本产品的
品质让亚洲各国人民都为之倾倒。即便是欧美诸国，也

十分相信日本在这方面的"诚实守信"。

德国有名的公司卡尔蔡司的镜片，其实是日本镜片企业 Cosina 生产的。就连以精密机械制造著称的德国，也将自己的产品委托给工费很高的日本企业来生产，这也充分说明日本的实力是不容小觑的。

这点用在日本人身上也同样成立。日本的教育水平，尤其是员工教育做得比国外许多国家都好。可以说，如今依然能看到过去终身雇用制度的好处的影子。在这样的土壤中，在这样的背景下工作的日本人，自身已经具备了生存所需的技能和精神素质。

"再自信些！"

这是我想对现在被压垮的日本工作者们说的话。

第8章
付出最大努力,
才能收获最大成果

你的未来是一片光明的,还是暗淡无望
的? 不管怎样,你都要有坚持到最后的体
力和气力。这能让你在一旦有机会的时候
"超水平发挥能力"。为此,你必须坚定信
念,"哪怕 1 毫米也要不断成长进步"。能
否拥有这种信念,将极大地左右你或你的
团队发挥力量。越是成功的人,越会持续
不断地坚持日常的努力!

119
做一个能说出
"请一定交给我来做"的人

"我不擅长。""没有先例。""我来做吗？"

上面的这 3 句话，可能是领导最讨厌下属讲的话。即便不明确用语言表达出来，下属的胆怯之心，领导一眼就能看穿。我虽然比较能容忍下属的某些行为，但对于平静地说出这些话的人，我是不会交代工作给他们的。

为什么呢？因为我就是想"让下属挑战一下他们觉得不擅长的事情"。不明白领导的这种想法，完全否定其建议的话，领导就犹如被泼了一盆冷水，完全失去了兴致。

因此，如果领导安排你做一件"你不擅长的事情"，你可以想这是因为领导期待你去做。只要接受了这种挑战，那你就成长了一大步。

你若明白了领导的这个意图，就会更积极主动地承担工作。"请一定交给我来做"这句话，最让领导高兴、放心。

120
在迷失时把自己的优点写下来

在一家千疮百孔的公司工作，很多人都会做过低的自我评价。

不管他们的外表看起来多么强悍，他们的心底都被"我哪有那样的能力，也没有那样的力量"这样的自卑感禁锢着。

但是，这样的精神状态并不能挽救逐渐走向衰亡的公司。

因此，我首先会做的就是完全击碎他们的自卑感，让他们彻底认识到自己的优点何在。

当你开始感到丧失自信的时候，请你先罗列出自己的优点。细小之处也可以，不要胆怯，大胆写出来。

养成这样的习惯，会让你发觉你比自己想象的更有才。

121
你需要的信息就在你的眼前，
就在你的脚下

我有一个朋友，他是非常出色的保险推销员，十几年里得到过很多表彰。前几天我悄悄问到了他的成功秘诀。

这个秘诀就是，一看到客户家的玄关，就要把从这个玄关得到的信息全部输入大脑。

这是什么意思？

他的原话是这样的："在家里，玄关隐藏的信息量最大。首先是鞋子，通过放在那里的鞋子的数量、种类、款式，就可以了解到这家有没有孩子、有没有老人、有没有年轻的姑娘，家庭成员构成一目了然。另外，从玄关干净与否、是否收拾整理过，能看出这家是不是富裕，以及家里人的性格如何。"

对于销售员来说，了解客户的资金情况非常重要。不管客户多么想购买产品，没有支付能力的话，商品还是销售不了的。

122
新的商业模式存在于
"感谢"之中

　　长期的不景气让企业都没了气势，失掉了"完整性"。解雇派遣员工只不过是一个开始。其后，即使是一流企业，也可能会出现一些为了确保自身的利益，而不顾消费者权益去降低品质标准的行为。

　　但靠这样的商业模式能生存下去吗？**正是因为处于这样的社会环境，才应该通过创造出"会得到别人感谢的东西"来获得巨大的领先优势。**"变得轻松的感谢""变得方便的感谢""变得舒适的感谢""变得美丽的感谢""获得温暖的感谢""获得幸福的感谢""变得富足的感谢"……通过实现这些，提供方也能获得自豪感。被感谢本身也会让人产生感激之情。

　　我想告诉处于困扰中的人："**做一份能被别人感谢的工作。**"被顾客、被领导、被社长、被下属、被家人……你的工作若能得到相关人员的感谢，那么你的工作能力一定能得到提高。

123
时刻注意
"最重要的应该做什么"

长期的商业活动中，一定会遇到怎么也无法翻越的障碍。我曾接手过的一家亏损公司就是这种情况，这家公司饱受官司纠纷的困扰。

赔偿问题带来的负面"遗产"，让我的精神支离破碎、疲惫不堪。因为商品蒙受经济损失的客户、卷入事件中为利益相争的无聊之辈、失去干劲自暴自弃的员工，还有追着公司讨要利益的股东们……

对于平时工作节奏明快、条理清楚的我而言，碰到这样的境况，也难免会感到身心疲惫，甚至连"应该优先考虑什么、应该优先顾及谁的利益"这一点也无法做出判断，我觉得很无力。

就在那段浑浑噩噩的日子里，有一天我不知不觉开车来到了箱根的山里。

等我回过神来，发现自己竟来到了一座叫"阿弥陀寺"的寺庙。被夜色迷蒙中的光亮所吸引，我走进寺中，寺里的和尚主动跟我打招呼。

或许是因为我的样子有些异常吧。和尚把我领到庙堂，和我聊了起来。

我主动跟他说起我的烦恼，和尚问我："**你能说你心无杂念吗？**"

听到他的这句话，弥漫在我心中的迷雾一下子散开来。我才察觉自己的心里、脑中都杂念丛生，不，杂念丛生也可以，我却没有注意到"最重要的应该做什么"这一点。

既然我是社长，首先就要保护员工。只有不让公司崩塌、全面保护员工，才是对顾客、对蒙受利益损失的人们负全责的唯一方式。其次再考虑股东。各路无聊之辈完全不用理会。于是，我之前的烦恼一扫而空，脑海里浮现出处理事情的优先顺序和引导公司前行的路线图。

当你感觉自己碰壁时，请回头看一看自己的心里是否积满了灰尘。只要除去灰尘，你一定能看到前行该走的路。

124
只要倾尽全力，
就不会害怕冒险

我们常常听到一句话，"想生存下来，就应该要适当地冒险挑战一下"。

但如果冒险过大，一旦失败了，也的确有可能会影响到公司的存亡。所以，很多公司害怕冒险，结果就是采取回避风险的措施。

迄今为止，我参与了 2 000 多家企业的扭亏为盈重整工作。要想挽救亏损公司，就不能只说漂亮话。要做很多苦涩艰难的抉择，暂停业务，合并部门，裁减员工，大刀阔斧地改变经营。

成功挽救企业的必要选择，不是简单的"冒险"，而是"赌博"。

但这样的赌博，我一次也没有害怕过。

为什么呢？是因为我在赌之前，尽我最大的可能、尽我所能想到的、用尽所有可能的一切手段，全力以赴为重整工作而努力过。

说实话，既然已经走到这一步，我能想象到可能会出现的结果，如果还是不行，我也觉得顺其自然就好。

因为做到了全力以赴，所以已达到了不害怕任何结果的"无心"境界。如果没有这之前的努力，一定会对赌一把这件事感到恐惧吧。而且，这场赌局的胜算也会降低很多吧。

公司有时为了生存，会面对不得不冒风险的局面。那时，就必须尽最大可能地采取一切措施，做出努力，甚至要做为之消瘦、辛劳的思想准备。

只有这样，"冒风险"这件事，才会变得一点也不可怕。

125
想让项目成功需要关注 3 类人

让人觉得不可思议的是，成功挽救亏损企业的主要
原因竟和成功"振兴城市、振兴村庄"的原因完全一致。

**振兴村庄能成功的原因就是"年轻一代""积极参
加活动的人""别的地区的人"这 3 类人都具备。**也就
是说，这需要没有先入为主观念的人、有成功激情的
人、能以客观眼光审视发展态势的人来支持。

换作企业的话，就变成需要"能完全接受走向成功
的前进路线的人才""相信能成功而推进改革的人
才""摆脱小部门局限俯瞰全局，能充分地利用公司力
量的人才"。

这不仅适用于重整亏损企业，对于一个新项目而言
也是成立的。我提出一个策划时，都会综合考虑这三者
来排兵布阵。不停针对公司发布负面言论的员工，我会
毫不犹豫地舍弃、远离他们。其实，这也是迈向成功的
一条捷径。

126
诚实与勤劳是你的武器

为什么我对好吃懒做者绝不手软？是因为我一直认为大部分民众都是诚实、勤劳的人。

换句话说，我认为"**诚实和勤劳是人之为人的特性**"。所以我才会对偷懒耍滑的人咬牙切齿。

就日本而言，多年置身于全球性跨国资本企业的经历，让我相信大部分日本人都是非常诚实、勤劳的。所以日本人才能不断创造出完成度极高的产品。

但近年来，日本人身上这种美好的品格正在逐渐消失也是事实。日本是由此颓废跌落成二流国家、三流国家，还是继续保持目前的位置，将与日本人这种勤劳品格息息相关。

在企业内部也是如此，诚实和勤劳只会成为你的武器，绝不会成为你评价不好的罪魁祸首。

127
不可以放任环境一直死气沉沉

当我拜访一些亏损公司时，会有一种说不出来的厌烦感。公司有自己的办公楼，楼里有员工在工作，但却让人感受不到人气，就好像走进了一家鬼屋公司。在那些充斥着怒吼声、谴责我这个来帮忙重建的人的批评声的公司里，工作反而容易开展。这至少能证明员工们还是精气神十足的。在这样的公司，即便有时你一言我一语地争论不休，但总有一种力量让大家在不断的相互理解中推进重建工作。

而员工们死气沉沉的公司，只能说明公司病得很重，重建需要花费时间。

死气沉沉的公司有 4 个特征：

第一，不探究失败的原因，放任不管，任由事态逐渐恶化。不良债权、不良库存的增加，是最典型的例子。

第二，很多员工缺乏霸气。这说明很多员工还带有工薪阶层息事宁人主义的劣根性。大部分员工都认为不管业绩多么不好，那也"事不关己"，他们只抱着来公司就能领到薪水的观念，缺乏责任感。

第三，**缺乏霸气的员工会拖那些充满干劲的员工的后腿**。让人意想不到的是，这种死气沉沉的势力破坏力强、阴暗无底。

第四，**这样的企业，体制内的交流都不顺畅，毫无例外**。销售部门不提供市场需求、其他公司的动向等信息，开发或生产部门对市场毫不关心。各个部门都是独立的，作为公司组成的一部分，没有发挥出有机的连动作用。

如果你是领导，你不会让你的部门变成那样毫无生机的地方。第一步，请记住以下 4 点。

1. **体制内的交流要顺畅。**
2. **要改善员工的责任感（赏罚必须明确）。**
3. **体制里不要有禁忌。**
4. **从消费者的反馈考虑工作。**

因袭守旧和没有责任感造成了员工的死气沉沉。切断其根源才是体制改革的关键！

128
在商业世界中，
99 分也是不及格

　　有人觉得"这样就行吧"，自行将工作的合格分数
定在了 70 分左右。我不认为这些人傻，只是觉得他们
缺乏谋略。

　　商业世界和大学不同。在大学入学考试中，不管是
满分还是 70 分，都代表合格。

　　但是，在商业世界中，即便是 95 分，很多时候从
对方的基准来看也是不可以的。**我觉得那些认为 70 分
就可以，对剩下的 30 分视而不见的人，就是些自我放
弃的人。**

　　比如，再多一次、再多一个小时，再多交涉一下合
同或许就能拿下，却迫不及待打道回府，这种人只会让
人觉得是他们自找损失。

　　产品完成度检测清单上，即使 99 处都没问题，但
只要有 1 处不合格，那也是次品。

　　目标一定是要 100% 完成。只有这样才称得上是一
位合格的商业人士。

129
要有勇气将自己的财产和事业绑在一起

我曾对即将面临倒闭的公司的社长建议："先把你的财产投进去！"尤其是近几年，很多时候我都不得不说："如果这个也不做的话，那你的公司就只能倒闭关门了。"

财产并不只意味着金钱。时间、热情、努力这些自身拥有的东西，也要全部投入到工作中。**在这个弱肉强食的时代，身处安全之地就能排险除难是痴心妄想。**

惨不忍睹的经济状况，融资艰难、赊销等无法回收的局面，迫使领导者必须舍生取义。

对于一般的商业人士而言，这样的话似乎事不关己，缺少真实感受。

但是希望大家能意识到如果没有将自己的财产都投入工作的觉悟，就会面临无法生存下去的现实。

130
幸运的人是能够找到
自己获胜模式的人

　　这只是一种观点：录用跳槽人员的时候，企业想要的是"走运的人"。

　　遇到带着幸运女神进入公司的人，企业应感到庆幸。

　　请允许我自吹自擂一回，对于这样的人才，我只需要一次面试就能判断出来。

　　来面试的人，大概可以分为 3 类。

　　第一类是不值一提的，就是强调自己过去职位的人，比如会说"我曾在一家上市公司做科长"。

　　第二类是最多的，举出具体数字表现自己成功历史的人。比如，"我在之前的公司从事新产品的市场投入工作，实现了 1 亿多日元的销售额"，这的确会让人觉得此人很了不得。

　　我会继续发问，来判断他是不是运气好的人。

　　我会问："那个项目成功的主要原因是什么？你的什么技能和行动，帮助实现了这次成功？"

　　但让我意外的是，他并没有给出明确的回答。那个项目当时或许真的被幸运之神眷顾了，但我不清楚这种幸运在他跳槽后是不是还有。

我所希望的幸运的人才是第三类，能从自己的成功体验中，提取出成功的主要原因，找到自己"获胜模式"的人。

说到底，商业上的幸运是以技能为基础的结果。

只有不吝惜付出体力，绞尽脑汁思考的人才能掌握取得成功的模式。

面试时，如果没有人能说出这种成功模式，我会转而让面试者总结失败的原因。能很好地归纳出失败原因的人，我会将其作为第二优秀的人选录用。

也就是说不把失败的原因归咎于他人、公司，能冷静分析的人，可能会掌握"不会失败的模式"。

131
运气并不是一种实力

运气是个挺恐怖的东西。即便完全准备好要面对的事情，有时也会因为意想不到的情况而失败、受挫。

相反地，有时突然会出现一些只能说是偶然走运的大转机。

但这本身并不是运气这家伙真正让人恐惧的本质。

运气真正让人恐惧的是，对于被运气左右的工作结果，当事人却误以为那是自己的实力所致，反之推断亦然。

被不走运光顾的人会失去信心，缩着肩膀，佝偻着腰背，因此更会给周围的人一种"失败者"的印象。

失败了哪里还有时间叹息。虽然这很难，但也要整理好心情，不要把失败怪罪于运气不好，要意识到那是因为自己实力不足，从而继续努力工作。

当然，比起背运，还是走运更好。

但也有人错把成功认为是靠自己的实力得来的，由此变得傲慢，小看了工作本身，然后吃了不少苦头。

还有人因为年轻时太幸运获得了成功，导致才能再也没有结出硕果，晚年无比寂寞。

不管怎样，都不能把受到运气左右的结果带到下一个工作中，必须要学会做了断。错误地认为"运气也是一种实力"的人，不管什么时候，也不会掌握真正的实力。

132
冲向山顶的路并非只有一条

不管是工作，还是足球比赛，目标都是"进球"。尽可能在最短距离、最高效地进球，抵达终点。

但是带着未解的难题还勉强选择最短线路，是很危险的。因为最短的线路上一定有很多陷阱在等着我们。

每到这时，能让我豁然开朗的是松下幸之助先生的话："从西到东也能爬上高山。自己改变一下方向，就能开辟很多新的道路。"

冲向山顶的路并非只有一条。

不论从哪里开始攀登，只要向上爬，早晚总会到达山顶。

登山迷根据自己的体力和背负的装备选择最好的路线。同样，在商业活动中，只要不留遗憾地充分发挥自己的能力和技术，一定能开辟通往山顶的道路。

133
完美的东西一定附带别的惊喜

这是我在尼康－依视路眼镜公司担任社长兼 CEO 时遇到的事情。店铺中的展示品，不管是竞争对手公司的产品，还是我公司的产品，很多镜片上都有很多指纹。

所以我就提出，"至少我们公司的商品不要有指纹吧"，之后销售部门的员工每到一家销售店里都会仔细擦拭自己公司的眼镜。

于是，我们公司眼镜的销售额一下子提高了 1 成。因为眼镜是直接接触身体的商品，镜片上有没有指纹，给顾客的印象也不一样。

然而，擦掉指纹的效果并不止步于此。我们的销售员出于一切都要保持干净的心理，也许还会做到店铺里自己公司产品的摆放也得整整齐齐。而且这么做之后，周围的人会觉得"那家公司的员工办事方式都不一样"，从而获得他人的认可。

这会让销售部门的员工更自信地投入到工作中。**追求完美，不仅能带来利润、成果，也伴随着工作的喜悦这一附带效果。**

134
一步步前进的人会走得最远

我是在 60 年前，当我还是小学生的时候知道"Step by Step"这个说法的。

培养了女子马拉松金牌获得者高桥尚子的小出义雄教练是我的同学。那时，教我们的大野顺司郎老师说过："你们今后要在从孩子长成大人的过程中学习很多生存之术。当然，这些不可能一下子都学会。英语中说'Step by Step'，意思就是不要着急，一步步前进就行。"老师讲这句话的情形，就像昨天刚发生一样，至今我都能清晰地回忆起来。"Step by Step"这句话，自那时起就成了我非常喜欢的座右铭。

一步一步，用自己的脚步坚实地丈量大地，才能获得力量。

我觉得日本人最近轻视了这一点。

近来，很多人想用最小的努力获取最大的成果。

可是，现实并非如此天真。

"只有做出最大努力的人才能获得最大成果。"这是我从 50 年的商业生涯中得到的真实感受，实践证明这是真理。

现在，我想把这句话交接给未来栋梁——你们。

你们工作和人生的前辈

长谷川和广

致年轻的你们

未来，属于终身学习者

我这辈子遇到的聪明人（来自各行各业的聪明人）没有不每天阅读的——没有，一个都没有。巴菲特读书之多，我读书之多，可能会让你感到吃惊。孩子们都笑话我。他们觉得我是一本长了两条腿的书。

——查理·芒格

互联网改变了信息连接的方式；指数型技术在迅速颠覆着现有的商业世界；人工智能已经开始抢占人类的工作岗位……

未来，到底需要什么样的人才？

改变命运唯一的策略是你要变成终身学习者。未来世界将不再需要单一的技能型人才，而是需要具备完善的知识结构、极强逻辑思考力和高感知力的复合型人才。优秀的人往往通过阅读建立足够强大的抽象思维能力，获得异于众人的思考和整合能力。未来，将属于终身学习者！而阅读必定和终身学习形影不离。

很多人读书，追求的是干货，寻求的是立刻行之有效的解决方案。其实这是一种留在舒适区的阅读方法。在这个充满不确定性的年代，答案不会简单地出现在书里，因为生活根本就没有标准确切的答案，你也不能期望过去的经验能解决未来的问题。

湛庐阅读App：与最聪明的人共同进化

有人常常把成本支出的焦点放在书价上，把读完一本书当作阅读的终结。其实不然。

时间是读者付出的最大阅读成本
怎么读是读者面临的最大阅读障碍
"读书破万卷"不仅仅在"万"，更重要的是在"破"！

现在，我们构建了全新的"湛庐阅读"App。它将成为你"破万卷"的新居所。在这里：

- 不用考虑读什么，你可以便捷找到纸书、有声书和各种声音产品；
- 你可以学会怎么读，你将发现集泛读、通读、精读于一体的阅读解决方案；
- 你会与作者、译者、专家、推荐人和阅读教练相遇，他们是优质思想的发源地；
- 你会与优秀的读者和终身学习者为伍，他们对阅读和学习有着持久的热情和源源不绝的内驱力。

从单一到复合，从知道到精通，从理解到创造，湛庐希望建立一个"与最聪明的人共同进化"的社区，成为人类先进思想交汇的聚集地，与你共同迎接未来。

与此同时，我们希望能够重新定义你的学习场景，让你随时随地收获有内容、有价值的思想，通过阅读实现终身学习。这是我们的使命和价值。

湛庐阅读App玩转指南

湛庐阅读App 结构图:

12+图书订阅服务
纸质书
有声书
电子书

读什么

湛庐阅读App

与谁共读

优秀的读者和终身学习者

怎么读

泛读:一书一课
通读:通识课
精读:精读班

跟谁读

作者、译者、专家、推荐人和阅读教练

三步玩转湛庐阅读App:

读一读 ▼

湛庐纸书一站买,
全年好书打包订

书城

听一听 ▼

泛读、通读、精读,
选取适合你的阅读方式

精读班
一书一课
通识课

扫一扫 ▼

买书、听书、讲书、
拆书服务,一键获取

扫一扫

App获取方式:
安卓用户前往各大应用市场、苹果用户前往 App Store
直接下载"湛庐阅读" App,与最聪明的人共同进化!

使用App扫一扫功能，
遇见书里书外更大的世界！

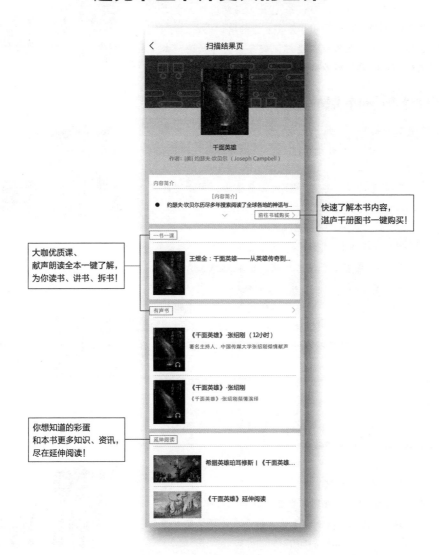

快速了解本书内容，
湛庐千册图书一键购买！

大咖优质课、
献声朗读全本一键了解，
为你读书、讲书、拆书！

你想知道的彩蛋
和本书更多知识、资讯，
尽在延伸阅读！

延伸阅读

《关键时刻MOT（白金版）》

◎ "关键时刻"是一系列简单又超级实用的抓住客户、赢得利润的方法，已经成为 IBM、通用汽车、麦当劳、联想集团等世界 500 强企业指定培训内容。

◎ 世界 500 强企业的培训圣经，领导力大师沃伦·本尼斯，管理学大师汤姆·彼得斯重磅推荐。

ISBN 978-7-213-07290-1

《伟大企业的四个关键原则》

◎ 全食超市创始人约翰·麦基引领商业觉醒力作，世界 500 强美敦力公司前 CEO 比尔·乔治倾情作序推荐。

◎ 作者援引全食超市、西南航空公司、UPS、塔塔集团、巴塔哥尼亚、谷歌等伟大企业案例，揭示了建立伟大企业的四大关键原则。

ISBN 978-7-213-09337-1

《工作现场优选守则》

◎ 随取随用的高绩效管理工具箱。46 种思维工具，解决团队中复杂、棘手又利益攸关的难题。

◎ 用有趣又直观的图片揭示高绩效团队背后的通用模式，既适合小型团队，也适合大型组织，无论团队规模大小，都可以在书中找到摆脱当下窘境的方法。

ISBN 978-7-213-08935-0

《转机》

◎ 耐克前总经理、佳得乐前全球总裁讲述卓越商界人物如何赢得职场大突破。

◎ 如果不想在宝贵的一生中盲目地低效工作、苦闷工作，就把握住《转机》吧。

◎ 通过这本书你可以看到职场赢家里的"战斗机"，比如穿 Burberry 的 Apple 女魔头、耐克设计师戈登·汤普森等，是如何把握转机的。

ISBN 978-7-5536-2441-9